아주 작은
변화의 기적

아주 작은 변화의 기적

당신의 가치를 높이는 탁월한 회사생활 비결

초 판 1쇄 2025년 03월 14일

지은이 전병성
펴낸이 류종렬

펴낸곳 미다스북스
본부장 임종익
편집장 이다경, 김가영
디자인 윤가희, 임인영
책임진행 이예나, 김요섭, 안채원, 김은진, 장민주

등록 2001년 3월 21일 제2001-000040호
주소 서울시 마포구 양화로 133 서교타워 711호
전화 02) 322-7802~3
팩스 02) 6007-1845
블로그 http://blog.naver.com/midasbooks
전자주소 midasbooks@hanmail.net
페이스북 https://www.facebook.com/midasbooks425
인스타그램 https://www.instagram.com/midasbooks

ⓒ 전병성, 미다스북스 2025, *Printed in Korea.*

ISBN 979-11-7355-111-6 03190

값 19,000원

미다스북스는 다음세대에게 필요한 지혜와 교양을 생각합니다.

당신의 가치를 높이는 탁월한 회사생활 비결

아주 작은 변화의 기적

烏竹 **전병성** 지음

미다스북스

34년이라는 긴 시간 동안 회사원으로 살아오면서, 지금의 나는 마치 큰 기적을 이룬 사람처럼 느껴진다. 새내기 시절 꿈조차 꾸지 않았던 지금의 위치에 올라 무탈하게 회사 생활을 마무리한 것, 무엇보다도 소중한 추억을 만들고 행복한 인생을 꾸려온 것은 내겐 분명 기적이라 할 만하다.

직장인들 중 기적을 이루었다고 스스로 생각하는 사람이 얼마나 될까? 대부분은 열심히 일해왔는데 왜 뒤처지는지, 일에 파묻혀 살아온 자신의 인생이 옳았는지 뒤늦게 후회하고 고민한다.

이 글은 이런 후회와 고민을 하는 분들에게 조금이나마 도움을 주고, 또한 회사생활을 시작하는 새내기들이 몇가지만이라도 실천하길 바라는 마음으로 썼다.

좋은 결과를 만드는 것은 결국, 작은 차이다.

'에라, 모르겠다. 한번 해보자.'

꼭 한번 해 보자. 아주 작은 변화이지만 실천하는 순간 많은 것이 달라지는 마법같은 기적을 경험하게 될 것이다.

성공적인 회사 생활을 위해 나만의 기적을 만드는 방법을 찾는 분들께

Miracle(기적). 많은 사람들은 자신에게 놀라운 기적이 일어나기를 꿈꾼다. 하지만, 최소 2억 분의 1이라는 경이로운 경쟁률을 뚫고 태어난 우리는 이미 한 번의 기적을 이루었다고 말할 수 있을 것이다.

살아가면서 겪는 기적의 기준은 사람마다 다르다. 어떤 사람은 기적이라 부를 만한 대단한 성취를 이루고도 그것을 '기적이 아니라 당연한 결과'로 여긴다. 반면, 남들이 보기에 소소해 보이는 성취조차 누군가에게는 자신의 피땀 어린 노력으로 얻은 기적일 수 있다. 각자의 목표, 기대, 그리고 쏟아 부은 노력이 다르기 때문에 기적의 기준도 달라지는 듯하다.

34년 전 회사원으로 첫발을 내디딘 후, 거창한 목표 없이 살아온 내게 지금의 나는 마치 큰 기적을 이룬 사람처럼 느껴진다. 변변히 내세울 것 하나 없는 내가 회사와 가정에서 이루어 온 성취는 분명 기적이라 할 만하다.

그 기적의 시작은 유일하게 지원서를 낸 회사에서 온 합격 통지서였다. 그냥 합격했다는 소식에 행복했다. 아마 입사시험을 위해 다시 공부하지 않아도 된다는 기쁨이 컸겠지만, 그런 이유보다는 회사에서 전세자금을 빌려준다기에 '아, 이제 결혼할 수 있겠구나.'라는 마음에 행복했던 것 같다.

회사 생활을 하는 동안 특별히 뭘 잘해보겠다고 큰 목표를 세워 실행해 본 적은 없다. 그저 매 순간 일상 속에서 할 수 있는 일들을 성실히 지켜왔을 뿐이다. 운이 좋으면 지점장 한번 해볼 수 있겠다는 희망 정도는 있었다.

누구나 쉽게 할 수 있는 '웃으며 인사하고 눈치 있게 행동하며, 쪽팔리지 않게 살아가는 소소한 것들'을 실천하다 보니 새내기 시절 꿈조차 꾸지 않았던 지금의 위치까지 오르는 기적을 경험하게 되었다. 또한 무탈하게 회사 생활을 마무리하고, 무엇보다도 소중한 추억과 행복한 가정을 꾸려 온 기적을 이룰 수 있었다.

34년이라는 긴 시간 동안 회사원으로 살아오면서, 일만 열심히 하면 남들이 부러워하는 위치에 오를 수 있을 거라 생각했지만 그렇지 못한 자신의 처지에 불만을 느끼며 그 이유를 궁금해하는 동료들을 많이 보았다.

수많은 경쟁자가 함께 일하는 회사 생활에서 열심히 일하고 성과를 내는 것은 기본 중의 기본이다. 결국, 작은 차이가 길고 긴 회사 생활에서 좋은 결과와 그렇지 않은 결과를 만든다. 어떤 사람은 회사에 들어오기 전부터 이 미세한 차이를 본능적으로 알고 있어 이를 잘 활용하면

아주 작은 변화의 기적

서 살아가지만, 대다수는 입사 과정에서 이런 차이를 잠깐 활용하는 모습을 보이다가 입사 후 본래의 모습으로 돌아가고 만다. 그러고는 열심히 일해온 자신이 왜 뒤처지는지 의문을 품는다. 또한, 일에 파묻혀 자신을 잃어버린 삶이 과연 옳은 것인지 뒤늦게 고민하는 이들도 많았다.

이 글은 이런 의문과 고민을 하는 분들에게 조금이나마 도움이 되길 바라는 마음으로 작성했다. 내가 직접 경험한 내용에 더해, 성공적인 회사 생활을 해온 사람들(지위가 높고 낮음으로 성공 여부를 따질 수는 없다고 생각한다.)과의 대화를 통해 알게 되었던 것들을 정리했다. 회사원으로서 꿈꾸는 목표를 이루는 데 도움이 될 '일상에서 실천할 수 있는 소소한 행동요령과 꼭 지켜야 할 원칙, 성공적인 회사 생활을 위한 세 가지 업무 태도, 그리고 아름다운 인생을 만들어 가는 방법'들을 제시해 보았다.

이제 막 회사 생활을 시작하는 새내기들이 이 중 몇 가지만이라도 실천에 옮긴다면, 회사에서 자신의 가치를 인정받으면서 삶을 즐기는 스마트한 직장인이 될 수 있을 것이라 확신한다.

아마 이런 것들을 막상 시도하려고 할 때 부끄럽거나 귀찮기도 하고, 한편으론 '설마 이런 게 회사 생활에 도움이 되기나 할까?'라는 생각에 대부분의 회사원은 선뜻 실천하지 못한다.

이때 정말 필요한 것이 '에라, 모르겠다. 한번 해보자.'이다.

꼭 한번 해 보자.

아주 작은 변화이지만 실천하는 순간 많은 것이 달라지는 마법 같은 기적을 경험하게 될 것이다.

목차

프롤로그 007
성공적인 회사 생활을 위해 나만의 기적을 만드는 방법을 찾는 분들께

1
PART
기적을 만드는 것은 어렵지 않다

Chapter 1 | 일상에서 실천할 수 있는 소소한 것들

1. 기분 좋게 웃으며 인사하자 019
2. 조금만 더, 눈치 있게 행동하자 029
3. 최소한 쪽팔리는 행동은 하지 말자 039
4. 자신의 따뜻한 내면을 보여주는 말을 하자 046
5. 누구보다 먼저 축하 전화하자 054

Chapter 2 | 항상 지켜야 할 확고한 원칙들

1. 작은 돌부리가 더 위험하다 065

2. 술 마시고 운전하지 말자 073

3. 꺼진 핸드폰도 다시 확인하자 083

4. 지금 하는 일은 반드시 결과로 나타난다 088

2 PART 성공적인 회사 생활을 위한 3가지 워크 애티튜드

Chapter 1 | 스마트 워크(Smart work): 똑똑하게 일하기

1. 보고 또 보고하자. 상사는 결코 잊지 않는다 101

2. 갑으로 살고 싶다면 대안을 만들자 110

3. 메모하는 습관이 멋진 미래를 만든다 116

4. 다양한 생각을 내 것으로 만들자 123

5. 비우고 채우는 스마트 워크 129

6. 똑똑한, 진상 고객 대처법 133

Chapter 2 | 컨피던트 워크(Confident work): 당당한 태도로 일하기

1. 과감한 실행이 답이다 149
2. 술 한두 잔 마신 듯 사는 것도 괜찮아 155
3. 기회 앞에서 머뭇거리지 말자 162
4. 모든 약속은 지킬 가치가 있다 169
5. 지키고 싶은 삶의 기준을 만들자 177

Chapter 3 | 와이즈 워크(Wise work): 현명함으로 신뢰받기

1. 갑의 위치에 있더라도 갑질은 하지 마라 187
2. 거래처와의 관계를 명확히 하자 196
3. 사람의 본래 모습을 보기 위해 노력하자 204
4. 나의 기준을 타인에게 강요하지 말자 214
5. 신뢰를 잃지 않는 부탁의 기술 224
6. 힘든 회사 생활을 대하는 마음가짐 232

3
PART

기적의 완성, 아름다운 인생을 만들자

1. 경제적 자유를 위해 노력하자 247

2. 자신에게 투자하는 것을 주저하지 말자 260

3. 일과 삶의 밸런스 맞추기 267

4. 지금, 추억을 만들자 274

5. 가족보다 앞에 둘 것은 아무것도 없다 280

PART 1

기적을 만드는 것은
어렵지 않다

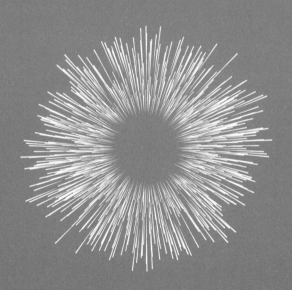

Chapter 1

일상에서 실천할 수 있는
소소한 것들

1.

기분 좋게 웃으며 인사하자

"진심에서 우러나는 웃음을 보여 준다면 회사 생활 절반 이상은 성공했다고 보면 된다."

'나는 지금까지 회사를 위해 열심히 일하며 살고 있다. 업무만큼은 내가 최고라고 생각한다. 그런데 승승장구하며 잘 나가는 사람들 보면 결코 나보다 잘난 것 같지 않은데, 왜 이렇게 차이가 나는지 나는 결코 이해할 수 없다. 참 엿 같은 회사 생활이다. 일만 잘하면 모든 게 잘 될 줄 알았는데….'

모든 회사원은 같은 날 입사하여 같은 출발선에서 시작하지만, 시간이 흐를수록 각자의 위치는 달라진다. 어떤 사람은 회사에서 꼭 필요한 인재로 인정받아 빛의 속도로 승진하고, 회사의 미래를 결정할 수 있는 중요한 역할을 맡는다. 반면, 어떤 사람은 소처럼 열심히 일해도 매일 같은 자리에서 어제와 다르지 않은 일을 한다.

회사를 위해 뼈를 파묻는 심정으로 열심히 일해 왔고 업무능력 또한 뛰어나다고 생각하는데, 왜 이런 결과가 생긴 걸까? 수익을 극대화하는 것이 목표인 회사에서 일보다 더 중요한 무언가가 있는 걸까?

단언하건대, 있다. 적어도 일만큼, 아니 일보다 더 중요한 무언가가 분명히 있다. 그것은 바로 '인정받는 것'이라고 생각한다.

삶을 살아가면서 누군가에게 인정과 사랑을 받고 싶어하는 것은 사람들이 가지고 있는 가장 원초적인 욕구일 것이다. 어떤 행동을 하고 나서, 주변을 둘러보며 내가 한 행동이 적절하고 잘했는지, 다른 사람들의 반응은 어떤지 신경 써 본 경험은 누구나 가지고 있다.

키만큼 큰 가방을 메고 초등학교에 들어가서 선생님이 이름 불러주며 손등에 '참 잘했어요.'라고 큼지막한 도장을 찍어주면 하루 종일 손등을 보며 기분 좋아했던 기억은 아직도 생생하다. 다양한 사람들과 밀접한 인간관계를 맺고 살아가는 우리 모두가 상대방의 행동에 호응하고 인정해 주면 얼마나 즐거운 세상이 될까?

공부에 관심 없던 어린 아들이 어느 날 학원을 다녀와서, 학원 선생님께서 'ㅇㅇ이, 수학 문제 푸는 방식이 일반 학생들과 다르지만 내 방식과 같다.'라는 말을 했다며 매우 기분 좋아했고, 그날 이후 수학에 관심을 가지게 되었다. 사소한 칭찬과 인정은 사랑과 관심을 갈망하는 사람들에게 신선한 공기를 불어넣어주는 것과 같다.

특히, 이익 추구를 위해 만들어진 회사에서 상사나 동료들이 '일 잘한다. 리더십이 좋다.' 등의 칭찬을 한다면 본인이 회사를 위해 쏟아 부은 노력과 열정을 인정받는 것이기에 그 의미는 더욱 각별하다. 하지만, 다른 생각과 다른 기준을 가진 사람들 틈에서 '참 멋진 사람이다.'라고 인정받기는 쉽지 않다.

사람마다 인정받고자 노력하는 방식은 다르다. 어떤 사람은 번뜩이는 아이디어와 꼼꼼한 일 처리로 인정받고 싶어하고, 다른 사람은 상대방이 무엇을 원하는지 미리 파악하고 그에 맞춰 일을 진행함으로써 인정받고자 한다. 또 어떤 사람은 목표를 달성하는 데 의욕 없는 직원들을 탁월한 리더십으로 다독여 불가능할 것 같은 목표를 달성함으로써 무한한 신뢰를 받을 수 있고, '나는 출근할 때 자존심을 집에 두고 왔다.'라고 할 정도로 한없이 자신을 낮춰 상대방의 사랑과 관심을 받고자 노력하는 사람도 있다. 어쨌든, 동료나 상사에게 인정을 받아야 승진도 하고 폼 나는 업무도 맡을 수 있다.

회사에서든 아니든, 누군가로부터 인정받는 것은 어려울 뿐 아니라 인정받기 위해 상상 이상의 노력과 비용이 들 수밖에 없는 것이 현실이다. 이렇게 얻기 힘든 사랑과 인정을 돈 한 푼 안 들이고 받을 수 있는 좋은 방법이 있다. 오랜 기간 이 방법을 사용해 봤는데 마치 '물로켓을 쏘아 달나라에 보내는 것과 같은 아주 효율적인 방법'이었다. 그 방법은 '웃자. 인사하자. 웃으면서 인사 잘 하자.'이다.

누구나 웃음이 건강에 좋고 다른 사람들을 기분 좋게 해주며, 결국 나에게 복을 가져올 거라는 것을 잘 알고 있지만 실천하기는 쉽지 않다. 특히, 바쁜 현실을 살아가는 요즘 사람들은 웃음에 인색한 것 같다. 웃음의 기준이 너무 높아진 걸까? 아니면 웃는 얼굴의 근육이 퇴화해 버린 걸까? 웃을 때 많은 얼굴 근육을 사용하나, 하루 종일 웃는 얼굴을 하지 않는 이상 그리 힘든 일은 아닐 것이다.

웃음에는 살짝 미소 짓는 웃음과 활짝 이빨을 드러내 보이는 웃음이 있다. 사람과의 관계에서는 살짝 지은 미소 하나가 천금을 쓴 것만큼 큰 효과를 낼 수 있다. 미소를 머금은 얼굴을 상대방에게 보여주는 것은 '나는 당신에게 호감을 가지고 있고, 당신이 기분 좋은 시간을 보냈으면 좋겠다.'는 마음의 표현이다. '웃는 얼굴에 침 못 뱉는다.'는 말이 있듯, 웬만해선 웃는 얼굴에 대고 악의에 찬 말을 하지 못할 것이다. 웃음은 분위기를 부드럽게 만드는 좋은 방법이다. 진심에서 우러나오는 웃음을 주변 사람들에게 매 순간 보여준다면 회사 생활의 절반 이상은 성공했다고 보면 된다. 웃음을 이길 수 있는 것은 아무것도 없다.

회사에서 부하 직원이든 상사든, 누군가를 만날 때 짓는 가벼운 미소는 복잡한 문제를 많은 시간과 노력으로 해결하는 것만큼 강력한 힘을 발휘한다. 물론 한두 번 미소 짓는다고 해서 원하는 효과가 바로 나타나지는 않을 것이다. 평소에 하지 않던 갑작스러운 미소는 동료들의 의구심을 불러일으킬 수 있다. 하지만, 이런 미소가 한 번 두 번 쌓이다 보면 동료들은 어느새 친근함을 느끼게 될 것이다. 억지 웃음을 짓는 것이 무뚝뚝하게 있는 것보다는 낫지만, 마음에서 우러나오는 웃음은 상대방의 마음을 움직이고 어려운 문제를 쉽게 해결해 줄 것이다.

그런데, 사람을 만나서 미소만 띠면 뭔가 부족하다는 생각이 든다. 이렇게 부족한 것을 채워 줄 수 있는 것이 밝은 목소리로 인사하는 것이다. 아침 출근할 때 만나는 회사 사람들에게 기분 좋은 한 마디 '안녕하세요?'라고 하면 된다. '지난 밤 잘 쉬셨습니까?'라든지, '좋은 아침입니다.'라는 멘트를 더하는 것도 좋다. 아무튼 상대방에게 들리고 느낄 수 있을 정도의 경쾌한 인사면 된다. 어제 저녁 술 한잔하고 힘겹게 출근한 직장 상사나 동료들이 밝은 미소를 띠며 경쾌하게 인사하는 직원을 보면 얼마나 기분 좋겠는가? 아마 자신의 가치를 높이기 위한 어떤 아부의 말보다 더 큰 효과가 있을 것이다.

이처럼 하루를 웃음과 인사로 시작하는 사람은 매일 큰돈을 써서 명성을 쌓는 사람보다 쉽고 편하게 인정받을 수 있다. 아무것도 없이 인생을 시작하는 평범한 사람들이 돈 들이지 않고 실천할 수 있는 얼마나 효과 만점의 행동인가?

내가 지방에 있는 지점에서 13여 년을 근무하다가 서울 본점으로 발령이 났을 때이다. 아무 뿌리 없는 서울살이라 매우 두려웠다. 특히, 많은 유능한 상사들이 있는 검사부에 처음 출근할 때는 숨이 막힐 것만 같았다.

지점에서 근무할 때, 검사부에서 감사가 나온다고 하면 몇 날 며칠 밤을 퇴근도 하지 않고 부족하거나 틀린 서류가 없는지 확인 또 확인했고, 업무시간 중에 감사자가 부르면 사지로 불려 들어가는 느낌이 들곤했다. 그런데, 내가 그 부서로 발령이 났고, 부서에 있는 70여 명의 직원 중 대부분의 직원이 나보다 직급이 높거나 승진이 빠른 사람들이었다. 그래서인지, 내가 느끼는 두려움과 부담감은 이루 말할 수 없었다.

검사부로 이동 후, 첫 6개월은 사무실에서 컴퓨터 모니터를 보면서 이상 거래를 점검하는 업무를 맡게 되었다. 나는 빨리 부서 동료들과 친하게 지내고 싶어 매일 1시간 일찍 출근해서 이미 도착해 있는 몇몇 동료들에게 밝은 목소리로 웃으며 인사했다. 그리고 대부분의 직원들이 출근했을 때쯤, 다시 한번 부서를 돌며 모두에게 웃으며 인사했다. 한동안 인사를 해도 동료 직원들은 무관심하게 잠깐 나를 쳐다볼 뿐 아무 말없이 자기 할 일만 하였으나, 한두 달 지나자 인사도 받아주고 농담도 던지기 시작했다.

그렇게 열심히 웃고 인사한 지 6개월쯤 지나 영업 현장 감사에 투입되었다. 영업점 감사를 갈 때면 직급이 높은 감사 반장이 감사 서류를 챙기고 감사 일정을 영업점에 통보하는 등 감사 기간 동안 자질구레한 일을 도맡아 하는 일명 '가방모찌'를 선택하는데, 나는 우선적으로 선택을 받곤 했다. 열심히 웃고 인사만 했을 뿐인데 특별한 인연이 없는 분들조차도 나를 선택했다. 매번 느낀 것이었지만, 웃고 인사하는 것이 인간관계에서 얼마나 긍정적인 효과가 있는지 다시 한번 실감할 수 있었다.

32년여의 회사 생활을 마무리하며 직원에게 남긴 송별사가 있다. 이 송별사를 남긴 후 한 번도 만나거나 같이 근무한 적 없는 직원들로부터 지금까지 어느 송별사보다 진심이 느껴졌고 감사하다면서 많은 문자와 연락을 받았다.
20여 년 전 내가 지방에서 근무하다가 서울로 올라오면서 결심했던 내용을 적은 글인데, 아마 대부분의 직장인이라면 그 중요성을 알고 있었지만, 이런 저런 사정으로 마음속 깊은 곳에 묻어두고 아쉽게도 실천하지 못하고 있던 것을 우연히 마주했기 때문일 것이다.

실질적으로 직원들로부터 많은 공감과 응원의 메시지를 받았고, 그 효과가 컸기에 공유하고 싶은 생각이다.
그 내용은 이렇다.

"참 행복하고 고마운 시간이었습니다.

00년 00월 입행하여 ○○은행의 큰 그늘에서 34년 이상을 무탈하고 행복하게 보냈습니다.

13년을 지방에서 근무했습니다.

그냥 그런 행원으로 지냈습니다. 그냥 열심히 하는….

자신이 부끄럽게 느껴지는 걸 싫어하는(쪽팔리기 싫어하는) 행원이었던 것 같습니다.

여러 번 서울 근무를 고민해 오던 중, 00년도에 검사부에 지원했습니다.

서류전형과 면접을 거쳐 검사부에 들어올 수 있었습니다.

그때 처음으로 줄, 빽 없이도 본점에 올 수 있다는 걸 알았습니다.

00년 상반기 서울로 오던 날, 어떻게 서울 생활을 해야 하나 걱정이 많았습니다.

그때, 제 나름대로 몇 가지 기준을 만들었습니다

첫째, 모든 직원에게 밝게 웃자.

둘째, 모든 직원에게 인사 잘 하자.

셋째, 웃으며 인사 잘 하여 나를 보는 모든 직원들 기분 좋게 만들자.

이 세 가지 기준을 실천하기 위해 많은 노력을 했고, 그 효과는 엄청 컸습니다.

학연, 지연, 무엇 하나 제 인생에 도움을 줄 만한 사람이 없는 상황에서 위 세 가지는 저의 인생을 바꾸어 놓았습니다.

아무것도 없던 촌놈이 부행장까지 되었으니 말입니다.

평생을 함께해야 할 동료와 잘 어울려 지내다 보니 행운과 행복이 따라
온 것 같습니다.

행운과 행복을 가져다준 동료들 덕분에 34년 은행생활을 행복하게 마
무리합니다.

너무 감사하다는 말씀을 전하고 싶습니다.

실력과 자존심 외에는 힘이 되어줄 무엇 하나 없는 후배님들 모두가 잘
되고, 행복하고 멋진 은행 생활하시길 바라는 맘으로 마지막으로 꼰대
가 되어 글을 남깁니다.

감사합니다."

p.s. 관상을 볼 때 콧구멍은 재복과 관련이 있습니다.

콧구멍이 훤히 보이는 사람은 재복이 없다고 합니다

돈이 콧구멍을 통해 줄줄 새어 나가니까요.

부자가 되기 위해 콧구멍이 보이지 않는 코를 가진 얼굴이 좋습니다.

하지만, 대부분의 사람들은 콧구멍이 훤히 보이는 코를 가지고 있습니다.

이런 콧구멍을 보이지 않게 하기 위한 한 가지 쉬운 방법.

'웃으세요.', '부자 될 겁니다.^^'

누구나 꾸준히 기분 좋게 웃고 유쾌하게 인사하는 것을 실천한다면,
어디에 있든 주변 모든 사람들로부터 사랑받고 인정받는 멋진 사람이
되어 있을 거라 생각한다.

"웃음과 인사를 이길 수 있는 것은 아무것도 없다."

2.

조금만 더, 눈치 있게 행동하자

"눈치 있게 행동하는 것은 원활한 회사 생활을 위해 필요한 비밀 열쇠다."

대관 업무를 담당할 때, 회사 임원을 모시고 대상 기관을 가끔씩 방문했다. 그럴 때 마다 내가 임원보다 앞서 가면서 출입문을 열어줘야 하는지, 아니면 임원 뒤를 따라 가야 하는지 고민될 때가 많았다. 앞서서 가자니 내가 임원 같고, 뒤따라 가다 임원이 출입문을 열면 내가 손 안 대고 지나가니 그 또한 내가 임원 같고, 참 난감했다.

그래도 내가 문을 열어주는 것이 맞다 싶어 임원보다 앞서 가서 문을 열고 임원이 멋지게 문을 통과하면 '참 잘했다.'라는 생각이 들지만, 그러한 생각도 잠깐, 또 앞에 문이 나타나면 임원 뒤에 있던 내가 후다닥 뛰어가서 다시 문을 열어야 하나 또 고민. 뛰어가자니 너무 분주한 것 같고, 안 가자니 내가 보스 같고…. 결국은 '에라, 될 대로 되라. 통과할 문이 여러 개면 나와 임원이 한 번씩 번갈아 열면서 보스 노릇 하면 되지 뭐.'라고 생각하니 마음이 편해졌다. 아마, 눈치 없이 뒤따라가든 분주히 앞뒤로 움직여가며 문을 열든 임원은 아무런 관심도 없었을 듯하지만….

눈치라는 게 뭘까?
꼭 필요한 걸까?

별소리를 다하는 친구 모임에 갔을 때, 술을 너무 좋아하여 운전 기사를 둔 친구로부터 운전 기사의 눈치 없는 행동으로 절체절명의 순간을 경험한 안타까운 사연을 들은 적이 있다.

그 친구가 어느 날 출근하는데 어제 마신 술이 잘못되었는지 속이 너무 좋지 않았다. 아니나 다를까, 집에서 나온 후 얼마 지나지 않아 급한 신호가 오기 시작했다.

그러나 그 친구는 아침 회의에 꼭 참석해야 해서, 어쩔 수 없이 회사까지 가자는 심정으로 참고 참으며 차에 타고 있었다. 하지만 속이 안 좋으니 빨리 가자고 대놓고 기사를 재촉하기도 그렇고 해서 은근히 '어,

오늘따라 속이 너무 안 좋네, 아직 멀었나?'라는 말을 기사가 들릴 정도로 몇 차례 했다. 아마 기사도 그 외침을 분명히 들었고, 어제 술을 많이 마신 친구의 장 상태가 형편없고 급하다는 것을 눈치챘을 것이다.

마침내 친구의 차는 회사 가까이에 있는 사거리에 이르러 신호대기 중인 버스 뒤에 멈춰 섰다. 사거리를 지나 몇백 미터만 가면 회사였기에 친구는 다소 안도하는 마음이 생겼다. 드디어, 신호가 바뀌자 버스가 출발했고 친구 차도 뒤따라 움직였다. 이제 버스 좌측으로 차선을 바꿔가면 몇 십 초 내에 회사에 도착하여 아픈 속을 달랠 수 있을 것이다. 아니 그런데, 이게 무슨 눈치 없는 행동인가?

그 친구의 운전 기사는 버스 뒤에 차를 바짝 대고는 손님을 태우기 위해 정차한 버스가 움직이기만을 기다리고 있었다. 이런 눈치코치 제로인 사람. 어찌 이럴 수 있단 말인가? 내가 그렇게 트러블로 가득 찬 장 상태를 알리기 위해 몇 번을 외쳤건만. 1초가 하루 같은데 버스 뒤에서 기도나 하고 있다니…. 어느새 친구는 자신도 모르게 눈물을 흘리고 있었다. 태어나서 그렇게 고통스러운 시간을 인내하긴 처음이었다며 친구는 거품을 물며 긴박했던 상황을 말했지만 트러블로 가득 찬 장의 결말은 듣지 못했다.

우리들이 몸담고 있는 대부분의 회사는 구성원 개개인보다 우리라는 단어에서 느낄 수 있듯이 공동체를 중요시한다. 개인기가 뛰어난 선수보다 팀플레이를 잘하는 선수가 더욱 인정받을 수 있다는 것이다. 이와 같이 팀플레이가 중요시되는 풍토에서 주변 상황을 적절히 파악하고 상대방이 툭 던진 말 한 마디, 미세한 행동이나 분위기를 보고 그 상황에 맞게 적절히 행동하는 것이 필요하다. 다시 말해 눈치 있게 행동하는 것이 원활한 공동체 생활을 위해 필요한 비밀 열쇠와 같은 것이다.

직장 상사나 힘 있는 부서의 눈치를 보며 비위를 맞추라는 부정적인 의미의 눈치가 아니라, 상대방의 입장을 이해하고 배려하여 원활한 관계를 맺음으로써 회사의 긍정적인 발전을 이끌어 내기 위해 필요한 눈치를 말한다.

그런데, 회사 생활을 하다 보면 참 눈치 없는 사람들이 생각보다 많다. 점주 환경이 어려운 사정도 있지만 직원들의 관심 부족으로 평가에서 꼴찌를 하고 있어 대책회의를 하는 심각한 상황에서 '오늘 점심 뭐 먹지?'라고 고민하는 차장, '어제 갔던 술집 분위기가 좋았다며 다시 한번 가자'고 옆 직원을 꼬드기는 과장. 이러니 매번 평가에서 꼴찌를 할 수밖에….

연말이 되면 내년 업무 계획을 세우느라 분주하지만, 수십 년간 반복해 온 일이라 새로운 아이디어가 떠오르지 않아 고민만 깊어진다. 그런데 자기 맡은 분야의 업무 계획은 제대로 준비하지도 않은 채 해외 여행 계획 짜느라 정신없는 그 얄미운 녀석. 얼마 전 수행했던 업무에 오류가 있어 관련 분야 담당자와 심각하게 해결책을 찾고 있는데, 상황을 제대로 알지도 못하면서 훈수 두는 직원, 지난 밤 회식 자리에서 있었던 일을 상대방은 그만 좀 했으면 하는 눈치인데 재미있다는 듯 꿋꿋하게 끝까지 말하는 직원 등등.

'눈치 없는 게 인간이냐?'라는 우스갯소리도 있다.

회사 생활에서 가장 중요한 것이 무엇인지 내게 묻는다면, '눈치 있게 행동하는 것.'이라고 나는 말하겠다.

평소에 눈치껏 행동하여 동료들과 원활한 관계를 쌓아두지 않으면 의견을 말할 기회조차 얻기 힘들다. 뿐만 아니라, 아무리 미래지향적이고 회사에 큰 수익을 가져다줄 수 있는 멋진 아이디어가 있어도 CEO를 비롯한 결정권을 가진 동료들이 공감하지 않으면 그저 지나가는 개소리로 들릴 뿐이다.

'누구나 인정할 만한 아이디어를 제시하면 되지 않나?'라고 반문할 수도 있다. 물론 누구나 인정할 만한 좋은 생각은 받아들여질 수 있다. 하지만 각자 다른 사고와 다른 색깔을 가진 사람들이 모여 구성된 회사 조직에서 특정인의 생각에 쉽게 동조할 수 있는 사람은 그리 많지 않다. 더욱이 그러한 공감과 동조를 이끌어 내기 위해서는 많은 시간과 노력이 든다. 반면, 평소 눈치껏 동료들과 원활한 관계를 맺어 온 사람의 의견이라면 한결 수월하게 공감할 것이다.

고서를 읽다 보면, 동서고금을 막론하고 높은 지위를 얻기 위해서는 군주나 동료의 심기를 잘 헤아려 눈치 있게 행동하며, 그러한 행동들이 쌓여 인정받게 되고, 결국 자신의 의지대로 국가나 조직을 이끌 수 있는 위치에 오른 사람들을 많이 볼 수 있다. 처음부터 어느 누구의 눈치도 보지 않고 독불장군처럼 행동한다면 결국 평생 아무런 결정 권한이 없는 하찮은 지위에 머물게 될 가능성이 높다.

하지만 가끔 눈치 없는 행동이 회사의 큰 전략 방향에 힘을 불어넣어 신속히 진행되도록 하는 경우도 있었다.

은행에 들어온 지 3년차 되던 햇병아리 행원 시절, 나는 80여 명이나 되는 직원들의 원활한 업무를 지원하는 서무 보조 업무를 담당하고 있었다. 그때, 본점에서 오랜 시간 공들여 준비한 '은행 업무 온라인 사업'을 성공적으로 완수하기 위해 은행장님이 중심이 되어 모든 임직원이 힘을 모으고 있었다. 그리고 원활한 사업 진행을 위해 본점 전산부에서 각 지점 서무담당 책임자를 집합시켜 그 중요성을 설명하고 테스트 진행 절차와 방법을 사전 교육을 시키는 등 다양한 노력을 했다. 하지만, 영업점 직원들은 그 중요성을 인식하지 못했고 처음 해 보는 그냥 그런 업무로 생각하고 있었다.

드디어 첫번째 테스트하는 날이 되었다. 내가 근무했던 지점은 우리 회사에서도 규모가 매우 큰 지점이었고, 거의 모든 업무가 일어나고 있었기 때문에 테스트에 적극적으로 참여하여 문제점을 파악하는 것이 매우 중요했다.

그 당시에는 토요일 반나절까지 은행문을 열었다. 테스트는 일요일에 실시했는데 사전 교육을 받았던 책임자는 출근조차 하지 않았고, 직원 중 테스트 방법과 절차를 아는 사람은 아무도 없었다. 어쩔 수 없이 몇몇 직원들이 본점이나 다른 지점에 물어가며 테스트를 했다. 그 당시 우리 지점의 하루 평균 전표 건수가 약 2,500건이었는데 80여 명의 직원이 하루 종일 전산 테스트를 한 건수가 100여 건에 불과했다.

늦은 오후, 본점에서 '각 지점 서무계는 그날 테스트한 결과를 보고하라.'는 연락이 왔다. 서무 보조 업무를 담당하고 있던 나는 '2,500건 중 100건 테스트 완료.'라고 보고서를 작성하여, 불참한 서무 책임자를 대신하여 다른 책임자 결재를 받아 본점으로 보고했다.

다음날, 은행이 발칵 뒤집혔다. 미래 은행업을 영위하기 위해 매우 중요한 사업을 테스트했는데 협조가 잘 되지 않고 있다는 보고를 받은 은행장님께서 전체 지점 중 테스트 실적이 가장 저조한 지점의 지점장과 담당 본부장을 당장 은행장실로 불러들이라 호통쳤기 때문이었다. 결국 우리 지점장은 지점으로 출근하지도 못한 채 본부장과 서울로 불려 갔다. 본점 전산부 직원의 말로는 우리 지점의 테스트 실적이 아주 탁월하게 전국 꼴찌라고 했다.

지점장이 본점에 가 있는 동안 우리 지점 직원들은 초긴장 상태로 대기하고 있었다. 오후 늦게 지점으로 돌아온 지점장은 서무담당 책임자에게 직인 함을 가지고 지점장실로 들어오라고 소리쳤다. 서무담당 책임자는 지은 죄가 있어서인지 사색이 되어 직인 함을 가지고 지점장 실로 들어갔고, 항상 열려 있던 지점장실의 육중한 문이 닫히자마자 와장창 물건 부서지는 소리가 들렸다. 지점장이 서무담당 책임자의 직인 함을 집어 던진 것이었다. 그리고 한참 동안 지점장의 고성이 들렸다.

나중에 본점 전산부 친구에게 들은 얘기로는, 지점장과 본부장이 은행장에게 엄청 혼났다고 했다. 그러면서 '다른 지점들은 실제 한 것과 달리 뻥튀기해서 보고했는데 너무 곧이곧대로 정직하게 보고했다'고 한마디 덧붙이며, 핀잔 아닌 핀잔을 주었다. 순간 눈치껏 적당히 보고했으면 이런 사달은 없었을 것이라는 생각이 스쳐갔다.

그렇게 서무 담당 책임자는 직인 함을 빼앗겼고, 한동안 대금고에서 서류를 정리하며 시간을 보냈다. 나는 직속 상사가 대금고에서 엄청나게 쌓인 전표 서류를 정리하는 것을 보고 눈치 빠르게 마대 자루를 준비하여, 함께 먼지를 뒤집어쓰며 금고에 있는 전표 뭉치들을 정리하는 센스를 보였다.

그리고 얼마 후 2차 테스트가 있었다. 지난번 지점장과 본부장이 은행장에게 혼난 사건이 은행 전체적으로 소문이 나서인지 2차 테스트 참여 열기는 매우 높았다. 그렇게 큰 사건을 듣고도 간 크게 대충할 지점 장은 아무도 없었기 때문이었다.

우리 지점은 아침 일찍부터 지점장이 출근하여 테스트 상황을 수시로 체크하였다. 하루 종일 전날 발생한 전표를 입력했지만 워낙 종류가 많고 매수도 많다 보니 100% 입력하는 것은 쉽지 않았다. 드디어 본점에 보고할 시간이 왔다. 지점 업무별 담당자에게 테스트 입력 결과를 받아보니 외환과 대부 업무 중 일부 전표가 입력되어 있지 않았다. 나는 '실제 입력된 전표 건수 2,500건 중 2,450건 테스트 완료.'라고 보고서를 작성하여 지점장께 결재를 올렸다. 그 보고서를 본 지점장이 불같이 화를 내며 '왜 2,450건이냐? 2,500건 중 2,500건으로 보고하라'고 소리쳤다. 어린 마음에 '안 한 걸 안 했다고 하는데 왜 거짓 보고서를 쓰라고 하나?'라고 불쾌하게 생각하며 지점장에게 들리지 않도록 한바탕 욕을 한 후, 지점장이 요구한 대로 '100% 테스트 완료.'라고 보고서를 작성하여 본점으로 보냈다.

이런 우여곡절로 은행에서 야심 차게 계획한 종합 온라인 시스템이 상당히 빠르게 정착되었다고 한다. 비록 눈치가 없어 모시는 분들을 힘들게 했지만, 은행이 반드시 해야 했던 큰 사업을 예상보다 훨씬 빨리 정착시키는 데 적지 않게 기여했다는 자부심(?)을 나는 아직도 가지고 있다.

이런 걸 보면 눈치도 때와 장소, 상황에 따라 그 효과가 천차만별인
듯하다.

5월 초순인데 한여름 더위가 찾아왔다.

어리바리한 봄에게 미안했는지,

새벽부터 비가 내리자 기온이 많이 내려갔다.

집에 혼자 남아 책을 읽고 있는데

점심거리 사러 시장 간 아내가 전화를 했다.

'비도 오고 장 본 물건도 무거우니 데리러 와줘요.'

부리나케 차 키를 찾아 주차장으로 갔다.

시동을 건 후 아내가 앉을 자리의 열선 버튼을 눌렀다.

10분 정도 달려가자 우산을 쓴 채 추위에 웅크리고 서 있는 아내가
보였다.

짐을 받아 트렁크에 넣는 동안 아내는 차에 올랐다.

트렁크 문을 닫고 운전석으로 돌아와 앉자,

아내는 나를 보고 '오~ 센스가 늘었는데.'라며 칭찬을 한다.

기분이 좋다.

"눈치는 센스이자 인정받고 사랑받는 티켓이다."

3.

최소한 쪽팔리는 행동은 하지 말자

"쪽 좀 팔리면 어때? 살다 보면 그런 일도 생기는 거지.", "그러니 지금의 너가 있고 내가 있는 거야."

'쪽팔리다.'는 것은 '부끄러워 체면이 깎이다.'라는 사전적 의미가 있다. 창피하거나 부끄러운 행동을 했을 때 쓰는 말이다.

우리는 사회를 유지하기 위해 만들어진 다양한 규칙들을 지키며 살고 있다. 개인들도 나름의 인생 철학이나 생활 태도 기준을 만들어 살아 간다. 꼭 거창한 규칙이나 철학일 필요는 없다. 단지 상식적으로 그렇게 하는 것이 맞다는 정도면 충분하다. 대부분의 사람들은 이런 다양한 기준을 지켜야 한다고 배워왔고 지키려고 노력한다. 그런데 이런 기준에 맞지 않은 행동을 할 때 죄책감이나 쪽팔림을 느낀다.

많은 평범한 사람들은 크고 작은 일에서 쪽팔린다는 느낌을 수없이 느끼며 살아가는데, 회사원도 마찬가지다. 담당하는 업무를 잘 모르거나 게을러 일처리가 되지 않거나 늦어지는 경우, 규정에 맞지 않게 업무를 처리하는 경우, 동료들이 모두 노력하며 힘겹게 실적을 채우고 있는데 뒤에 처져서 눈치만 보고 있는 경우, 당연히 해야 할 일을 하지 않거나 미루는 경우, 옆 동료는 바빠서 정신없는데 도와줄 생각조차 하지 않는 경우, 선배로서 후배들의 능력 향상을 도와주지 않는 경우, 상사의 정당한 지시를 무시하거나 부당한 업무 지시를 수행하는 경우, 본인이 한 행위에 책임을 지지 않는 경우, 상사라고 모든 것을 아는 냥 부하 직원의 의견을 무시하는 경우, 맘에 안 든다고 옆 동료를 왕따 시키거나 직장 상사나 부하 직원을 헐뜯는 경우, 진상 고객이 직원을 힘들게 하는데 책임자 노릇 해 보겠다고 진상 고객 앞에서 직원을 나무라는 경우 등등 주변을 돌아보면 쪽팔리는 일들이 한두 가지가 아니다.

동료와 하루 종일 함께 일해야 하는 회사원이라면 가능하면 쪽팔리지 않는 회사생활을 하고자 노력해야 한다. 34년 은행원으로 살면서 이런 쪽팔리는 상황을 수없이 경험해 왔다. 내가 한 쪽팔리는 행위도 있고, 타인의 쪽팔린 행위로 나를 돌아본 경험도 많다.

내가 지방에 있는 소규모 지점에서 근무할 때였다. 은행원이 하는 일은 모두 돈과 관련되다 보니 규정에 맞춰 전결 사항을 준수하는 것은 매우 중요했다. 모든 서류에는 규정에 위임된 책임자의 도장이 찍히는데 전결 규정을 위반하여 업무를 하다가 발각되면 징계를 받는다. 물론 업무의 중요도나 금액 규모 등에 따라 중징계나 경징계를 받게 되지만, 이러한 징계 사실은 인사 기록에 등록되어 승진 등에 영향을 미친다. 그래서 모든 직원들은 업무를 할 때 위임전결규정을 준수하는 것이 습관처럼 몸에 배어 있다.

어느 날 본점에서 감사를 나와, 몇 년간 지점에서 처리한 대출과 관련하여 적정성 점검을 했다. 그런데 한 회사와 관련하여 내가 취급한 업무에서 사소한 문제점이 발견되었다. 그 서류에는 나의 상사가 책임자로서 결재한 도장이 찍혀 있었기 때문에 감사자는 나와 나의 상사인 책임자를 불러 업무 처리 경위를 질문하였다. 그런데 감사자의 질문에 당황한 책임자는 '비록 자기 도장이 찍혀 있지만 실무자가 알아서 했기 때문에 자신은 그 내용을 모른다'고 대답했다. 책임을 실무자에게 떠넘긴 것이었다. 그 말을 듣는 순간 화가 치밀어 올라 책임자에게 주먹을 날리고 싶었지만 그럴 수 없는 노릇이었다.

내가 생각하는 책임자는 내 도장이 찍혀 있지 않더라도 부하직원이 한 일에 문제 있으면 '내 책임이오.'라고 하는 것이 상식적인 모습인데, '도장은 찍었지만 내 책임이 아니오.'라고 책임을 회피하는 이런 황당한 일이 생길 줄 몰랐다. 회사 생활하면서 책임을 아래 직원한데 떠넘기는 것을 처음으로 경험한 순간이었다.

그런데, 그 책임자는 과거 나와 같은 팀에서 근무한 적이 있는 사람이었다. 평소에 꼼꼼하게 일 잘하고 후배들을 잘 도와주는 맘씨 좋은 사람이라 모든 직원들에게 '괜찮은 책임자다.'라고 평가받는 사람이었다. 그런데, 아무리 좋게 평가받는 사람이라도 결정적인 순간에 책임을 회피하자 배신감이 치솟아 올랐고 매우 볼품없는 사람으로 보였다. 감사자도 결재 도장까지 있는데 '내가 하지 않았다'고 주장하는 그 책임자를 황당하다는 듯 쳐다보았으나 매우 중대한 실수가 아니었기에 엄중히 경고하는 선에서 마무리되었다. 하지만, 그 일로 그 책임자의 신뢰는 땅에 떨어질 수밖에 없었다.

평소에도 늘 부끄러운 짓은 하지 말자는 생각을 가져왔지만, 그런 황당한 일을 당하고 보니 회사 생활에서 자신의 위치에 맞는 처신과 쪽팔리지 않은 행동을 하는 것이 얼마나 중요한지 알게 되었고, 남은 회사 생활 동안 항상 책임지는 당당한 회사원이 되겠다고 결심하였다. 이러한 결심 때문에, 나는 내가 담당하는 업무를 제대로 처리하지 못한 쪽팔림으로 꽤 많은 금전적 손실을 본 적이 있었다.

2000년대 초반 지방에서 근무할 때였다. 어느 날 아침, 은행 영업을 시작하기도 전에 고객이 와서 예금을 담보로 대출을 해 달라고 했다. 갑자기 아침 일찍 은행에 와서 대출을 요구하는 것이 정상적인 상황은 아니라서 미심쩍기는 하였지만, 회사에 필요한 자금이라고 말하니 '그런가보다.'라고 생각했다. 또한 예금을 해지해 가지 않는 것만으로도 감사한 일이라 서둘러 전산 품의를 마친 후, 요청한 지 10분도 지나지 않아 이천만 원이란 돈을 통장에 입금해 줬다.

그리고, 하루 종일 바쁘게 일한 후, 오후 늦은 시간이 되어서야 아침에 처리한 대출 서류를 정리하기 시작했다. 그런데, 대출시 점검해야 하는 필수 서류를 전산 출력하는 순간 깜짝 놀랐다. 아침 일찍 웃으며 대출 신청했던 그 기업은 그날 부도 처리되어 있었다. 분명히 대출 취급 전 단말기 화면으로 확인했을 때에는 정상이었던 회사가 저녁에 서류를 출력해 보니 부도 처리 되어 있었던 것이다.

아마, 금융결제원에서 각 은행으로 부도 통보되는 시간이 오전 10시 전후라 은행이 정상 영업하기 이전인 아침 9시 이전의 전산은 부도 사항이 반영되지 않았던 것 같았다. 취급할 때 서류를 출력해 두었다면 전혀 문제될 것이 없었는데 단말기 화면으로만 확인하다 보니 정상 기업이라는 근거 자료가 없었다.

부도난 기업이라 해도 본인 예금을 담보로 한 것이라 큰 문제가 없을 것 같기도 했다. 하지만 그 기업은 이미 보증서를 담보로 다른 대출을 보유하고 있었고, 그 예금은 보증서 담보 대출을 받을 때 대출금 상환 재원으로 사용할 목적으로 가입된 것으로 볼 수 있었다. 이와 같이 보증서와 연관되어 있는 예금을 다른 용도로 사용하면 나중에 대위변제 받을 때 문제가 발생할 수도 있다. 대출하기 전에 관련 서류를 출력하여 완벽하게 대출 서류가 갖춰진 후 돈을 지급하는 것이 상식임에도 서류 하나를 제때 출력하지 않아 절차상 문제 있는 대출로 만들어 버린 나 자신이 한심스럽게 느껴졌다.

머릿속은 이미 실행된 대출을 취소해야 한다는 생각으로 가득 찼다. 나중에 보증기금으로부터 대위 변제를 받을 때 문제가 생길 가능성이 있어, 대출을 원상태로 돌려야 마음이 편할 것 같았다. 그래서 대출을 받은 대표에게 여러 차례 전화를 걸었지만 받지 않았고, 시간이 지날수록 마음은 점점 급해졌다.

저녁 6시가 넘어서자 다급한 마음에 아내에게 전화를 해서 당장 돈 이천만 원을 구할 수 있는지 물었다. 아내가 깜짝 놀라며 '왜? 무슨 일 있어?'고 되물었고, 나는 '아니, 별일은 아니고 그냥 잠깐 쓸 일이 있어서.'라고 대답하였다. 워낙 없이 시작한 결혼 생활이라 돈이 있을 리 만무했지만, 궁하면 통한다고, 절박한 심경으로 구하니 이천만 원을 모을 수 있었고, 저녁 늦은 시간이 되어서야 아침 일찍 처리했던 대출을 취소할 수 있었다.

순간의 방심으로 업무 처리를 제대로 하지 못해 앞으로 일어날 수 있는 쪽팔림과 이천만 원을 맞바꾼 것이다. 돌이켜보면, 너무 예민하게 생각하여 과도한 대처를 한 듯하지만, 결국 그러한 업무 처리가 지금의 나를 있게 만들었다고 생각한다. 긴 회사 생활을 하는 동안 쪽팔리는 행동을 하지 않기 위해 많은 노력을 했고, 그러한 노력 덕분에 무슨 일을 하든 내 나름의 당당한 모습을 유지할 수 있었다.

"쪽팔리는 행동 NO! 책임감 있게 당당한 태도로 회사 생활하자."

4.

자신의 따뜻한 내면을 보여주는 말을 하자

"사소한 배려나 따뜻한 말 한 마디가 서로에게 좋은 감정을 불러일
으킨다."

'천금으로 지어진 모래 위의 탑은 깃털을 날리는 산들 바람에도 무너
질 수 있지만, 아름다운 말로 오랫동안 쌓은 신뢰의 탑은 거친 태풍에
도 흠집 하나 나지 않을 것이다.'

'김 대리는 언제 봐도 예의 바르고 일도 잘 한다 말이야.'
'박 과장님은 참 아이디어 분수 같아요. 어떻게 그런 생각을 했습니까?'
이와 같은 별것 아닌 간단한 칭찬이나 배려하는 말의 효과는 생각보
다 엄청나다. 천금을 들여 잘 봐 달라고 노력하는 것보다 평소에 정겨

운 말 한 마디와 존중의 마음으로 상대방을 대한다면, 부지불식간에 자신의 가치는 높아지고 다이아몬드처럼 견고해진다.

"말 한 마디가 천냥 빚을 갚는다."는 속담은 누구나 알고 있다. 이 속담은 말을 청산유수처럼 잘 한다기보다 상황에 맞는 말을 진심을 담아, 상대방의 마음을 헤아려 말함으로써 상호 신뢰를 견고히 쌓아 어려운 문제도 쉽게 풀어 나갈 수 있는 것을 의미한다고 본다.

모든 복과 화는 말에서 시작된다. 말을 예쁘게 하는 사람을 보면, '같은 말을 해도 어떻게 저렇게 듣는 사람의 기분을 좋게 할까?'라며 부러워하고, 말하는 방법을 본받으려고 한다.

태어나면서 죽을 때까지 우리는 주로 무슨 말을 하면서 살까? 어린 시절부터 좋은 말을 많이 하도록 배워 왔지만, 사람의 본성이라는 것이 좋은 말보다 좋지 않은 말에 어울리는 것 같다. 왠지 자극적이고 좋지 않은 말이 입에 착착 달라붙고 기억에 오래 남는다. 타인의 장점보다 단점이 훨씬 크게 보이고 쉽게 와닿는 것과 같다.

다른 사람의 사정을 돌보지 않고 즉흥적으로 내던지는 수많은 말들, 어찌 보면 그런 말의 홍수 속에 우리는 살고 있고, 결국 그 말은 나를 해치는 화살이 되어 내게 돌아온다. 상대방의 입장을 이해하고, 설령 이해하지 못한다 하더라도 상대방의 수고를 칭찬하는 말을 하도록 끊임없이 노력하면 좋겠다.

칭찬은 고래도 춤추게 한다는 책이 한때 유행했다. 고래뿐이겠는가?
말 못하는 우리집 두 살짜리 강아지 오복이도 칭찬하는 말이나 호감을
주는 표정을 보이면 득달같이 달려들어 꼬리를 흔들고 얼굴을 핥지만,
조금이라도 불편한 표정이나 말을 하면 바람처럼 눈앞에서 사라져 버
린다. 칭찬은 고래뿐만 아니라 어떤 동물에게도 가장 효과적인 소통 방
법일 것이다. 아무리 사소한 말이라 하더라도 칭찬은 서로에게 호감이
생기도록 하고 칭찬하는 사람에 대한 정겨움과 감사함을 느끼게 한다.
그러나, 칭찬하는 것은 누구나 할 수 있는 쉬운 것이 아니다. 많은 노력
과 연습을 해도 칭찬의 말은 쉽게 나오지 않는다.

아들, 딸이 초등학생과 중학생 때였다. 매일 늦게 퇴근하여 아이들과
함께 할 수 있는 시간이 거의 없었기에 아이들에게 미안한 마음이 많았
다. 그래서, 약간의 강제성을 가진 가족 만남 시간을 갖는 것이 좋을 것
같아, 우리는 한달에 한 번씩 가족 회의를 갖기로 했고, 가족 회의의 주
제를 서로에게 칭찬하기로 정했다. 그렇게 정한 이유는 아이들이 가능
하면 다른 사람의 장점을 보고 칭찬하는 습관을 길러주고 싶은 마음이
컸지만, 어린 시절 일상적인 대화에서 서로를 이해하지 못하고 비난하
는 말 한 마디에 싸움이 일어나고, 그것이 앙금이 되어 얼굴 붉히거나
서로 만나지 않는 사람들을 많이 보았기 때문이었다.

거의 1년 동안 지속된 가족 회의에서 가장 흔히 볼 수 있었던 모습은 회의 시작 후 처음 몇 마디는 모두가 이런 저런 장점을 말하고 서로에게 칭찬을 했지만, 얼마 지나지 않아, 아니 금방, 상대에 대한 단점과 불만을 쏟아내는 것이었다.

지금까지 경험해 본 적 없는 가족 회의라 어색하기도 했다. 하지만 첫 회의 때에는 제법 서로를 칭찬하려고 노력했다. 가장 어린 아들은 아빠에 대해 '성실하고 근면하다. 가끔씩 집안일을 도와준다'고 칭찬해 주었고, 엄마에 대해서는 '집안일을 잘 관리하고 계신다'고 했다. 또 누나에 대해서는 '가끔씩, 아주 가끔씩 자신을 도와주고, 그리고 진짜 티도 날듯 안 날듯 자기를 챙겨준다'고 인색한 칭찬을 했다. 나머지 가족들도 '딸은 밝고 솔직하다, 웃는 모습이 예쁘다, 가족을 존중해 줘서 고맙다, 동생 잘 챙긴다, 배려심이 깊다.', '아들은 잘 생겼다, 엄마 심부름 잘한다, 놀러가기 전에 엄마에게 보고 잘한다.'라며 서로를 칭찬하는 데 대부분의 시간을 보냈다. 태어나서 처음으로 마음먹고 가족에게 칭찬을 하는 것이라 많이 부자연스러웠지만 제법 잘했다.

그러나, 회의를 거듭 할수록 칭찬하는 시간은 줄어 들었다. '엄마는 간섭이 심하다, 가끔씩 너무 우긴다, 살찌고 있다, 날카로워지고 있고 돈 계산이 불분명하다.', '딸은 공부하는 모습이 부족하다, 남의 말을 잘 듣지 않는다, 체중관리 안 한다.', '아들은 글씨를 너무 못 쓴다, 누나에 대한 존중심이 부족하다, 누나에게 기어오른다, 시간을 효율적으로 사용하지 않는다.' 등등 서로에게 바라거나 단점을 말하는 시간이 회의 시간의 대부분을 차지하게 되었다.

남을 칭찬만 하는 사람들을 보면 '어떻게 저렇게 남의 장점을 잘 찾아낼 수 있을까?'라며 감탄하곤 한다. 곰곰이 생각해 보면, 우리가 하는 말 중 상당수는 타인에 대한 부정적인 내용이 많다. 사람들은 의식적으로 타인의 장점을 말하려고 노력하지만, 어느 순간 분위기에 휩쓸리면 밤새 타인의 단점을 이야기하기도 한다. 반면, 장점만을 밤새워 이야기하는 경우는 드물다. 그런 걸 보면, 타인을 좋지 않게 말하는 것이 사람의 몸에 맞는 것 같다.

하지만, 지나치게 타인의 단점만을 말하면 듣고 있는 사람은 아무리 그 의견에 동의하더라도 속으로는 과하다고 생각하고 그의 말에 귀를 기울이지 않을 뿐만 아니라 멀리하고 싶어하는 맘이 생긴다.

힘들겠지만 가능하면 타인의 단점보다는 장점을 찾는 연습을 하고, 그 장점을 칭찬하는 말을 많이 하면 좋겠다. 어쩔 수 없이 단점을 지적해야 한다면 당사자 앞에서 직접, 솔직히 말하는 것이 좋다. 당사자가 없는 자리에서 아무리 사소한 단점을 이야기하더라도 그 말이 본인에게 전해진다면 매우 기분 나빠할 것이다.

반대로, 타인을 칭찬할 때는 당사자가 없는 자리에서 하는 것이 오히려 효과적일때가 많다. 칭찬을 듣지 못하면 어떡하나 걱정할 필요는 없다. 오늘날처럼 통신이 발달한 초고속 시대에는 말이 퍼지는 속도가 상상 이상으로 빠르다. 이런 현실을 고려한다면, 다소 약삭빠른 행동으로 보일 수 있겠지만 여러 사람과 대화하는 자리에서 당사자를 칭찬한다면 십중팔구 오래지 않아 '누가 너를 그렇게 칭찬하고 좋게 보더라.'는 말이 전해질 가능성이 크다. 복잡한 인간 관계를 긍정적으로 풀어가고 싶다면 이런 칭찬은 매우 효과적인 방법이 될 수 있다.

말의 무게는 참 대단한 것 같다. 듣기 좋으라고 던진 격려의 말 한마디나 무심코 나온 비난의 말 한마디가 절박한 상황에 놓인 사람에게 큰 영향을 미칠 수 있다. 그런 말들은 옷에 달라붙은 도깨비풀처럼 상대의 머리와 마음, 그리고 온몸에 달라붙어 따라다닌다. 심장을 옭아매고 있는 방울이 되어 심장이 뛸 때마다 딸랑거리며 모든 감각을 깨우게 되는 것이다.

특히, 매일 많은 동료들과 호흡하며, 사내 메신저를 통해 업무상 필요한 것들을 주고받는 직장 생활에서 말의 무게는 더욱 크다. 우리는 종종 직장 동료의 사소한 배려나 따뜻한 말 한마디가 서로에게 좋은 감정을 불러일으키는 경험을 한다. 메신저를 주고받을 때 이렇게 해보면 어떨까?

'○○○님. 갑자기 날씨가 더워졌네요. 이렇게 더운 날에 또 자료를 요청하게 되어 미안한 마음뿐입니다. 죄송한데 ○○○자료를 보내주시면 감사하겠습니다. 고생하십시오.' 그러면, 대부분의 직원은 똑같은 형식으로 답장하며 흔쾌히 자료를 보내 줄 것이다. '고생 많으시죠. 준비되는 대로 보내 드릴게요.' 이렇게 보이지 않는 사람과도 서로 존중하면서 대화하면 그냥 좋은 사람으로 생각되고 정이 간다.

그런데, 가끔 상대방을 배려하는 긴 문장의 글을 보냈음에도 단답형으로 '네.'라고 답하는 사람이 있다. 그런 답장을 받을 때면 '참 정 없는 사람일세.'라고 생각하며 자신의 뇌리에 '인간성 별로인 놈.'이라고 이름을 올릴 것이고, 그런 것이 반복되다 보면 어느 누구도 그런 사람과 말을 섞기 싫어하게 된다.

회사뿐만 아니라 우리 주변에서도 긴 문장의 카톡을 보냈는데 짧게 '네.'라는 답장을 받았다며 투덜거리는 사람들을 가끔 볼 수 있다. 보통 사람이라면 누구나 느끼는 감정인 것 같다.

말을 한다는 것은 대부분 상대방이 있다는 의미다. 특히, 회사 생활은 많은 일들이 얼굴을 마주하지 않고 사내 메신저나 전화로 이루어지는 것을 감안할 때, 약간의 무례한 말이나 메시지가 상대방에게 매우 좋지 않게 비춰질 수 있다. 이렇게 한 번 잘못 각인된 나의 이미지는 순식간에 주변으로 퍼져 나가게 되고, 본래 자신이 가지고 있는 멋진 이미지를 회복하기 위해 엄청난 시간과 비용을 지불해야 할지도 모른다. 이러한 사례를 우리 주변에서 심심찮게 볼 수 있는 것이 회사 생활이다.

아무리 바쁘더라도 누군가와 대화를 나누거나 문자를 주고받을 때,

상대방을 배려하는 따뜻한 말을 함으로써 모든 사람들로부터 멋진 회사원으로 인정받도록 하자.

"매사, 상대방의 마음을 헤아려 따뜻한 말을 하자."

5.

누구보다 먼저 축하 전화하자

"사소한 축하 전화 한 통은 그 사람의 인격이다. 그러한 인격들이 쌓여 그 사람의 평판이 되고, 그 평판은 밝은 미래를 약속한다."

'김 과장, 축하해.

드디어 우리 동기 중에 과장으로 승진한 사람이 나왔네.

그동안 고생 많았다.

니가 우리 동기 중에 가장 먼저 승진할 거라 생각했는데 예상이 틀리지 않았네.'

일 잘하고 성격 좋다고 소문이 자자했던 박 대리. 그는 지금까지 항상 우수 직원으로 칭찬받아 왔고 직장 동료들도 박 대리가 동기 중에 가장 먼저 승진할 거라 입을 모아 말해 왔기에, 내심 이번 인사에서 승진을 많이 기대했다. 그런데 박 대리는 탈락하고 라이벌 격인 김 대리가 승진했다. 박 대리는 섭섭하고 화나기도 했지만, 누구보다 먼저 동기의 승진을 축하하기 위해 전화를 한 것이었다.

이번에 과장으로 승진한 김 대리는 박 대리의 전화를 받고 깜짝 놀랐다. 동기 중에 항상 자기보다 뛰어나다고 생각해온 박 대리보다 자신이 먼저 승진하여 박 대리의 기분이 좋지 않을 거라 생각했다. 그런데 누구보다도 먼저 박 대리가 축하 전화를 해줘서 감동 먹었다.

회사원이라면 승진은 가장 기분 좋은 일이다. 입사일은 같지만 모두가 같은 날에 승진의 기쁨을 누리지는 못한다. 이런 저런 사유로 앞선 자와 뒤따르는 자로 구분이 되는 것이다.
하지만, 승진에 누락되었다고 낙담할 일 1도 없다. 승진 한 번 빨랐다고 해서 항상 앞서 가는 것도 아니다. 6개월이나 1년에 한 번씩 있는 승진 인사 중에 고작 한 번 지났을 뿐이다.

이때, 어떤 태도를 보이느냐가 중요하다. 많은 평범한 사람들은 자신의 라이벌로 생각하거나 한 수 아래라고 생각한 사람이 먼저 승진하게 되면 축하 전화나 축하 문자는 고사하고, 인사가 잘못되었다는 등 화를 내며 주변 사람들에게 좋지 않는 얘기를 하곤 한다.

'그 친구 업무 능력은 그저 그런데 상사에게 잘 보여 승진한 것 같다.', '옆 동료가 바쁜 것은 신경도 안 쓰고 자기 실적만 챙긴다.' 등등. 또 어떤 사람은 승진에 누락되었다고 화를 내며 회사 밖으로 나가거나, 몇 날 며칠을 인상 쓰고 다녀서 주변 사람들을 불편하게 만든다.

참 속 좁고 볼품없는 행동이다. 설령, 그 내용이 사실이라도 이제 와서 바꿀 수 있는 것은 아무것도 없다. 이미 CEO의 결재를 받아 승진 발표가 났는데, 이제 와서 취소될 리 만무하다. 그러니 상황을 받아들이고 대인배 다운 모습을 보여주는 것이 좋다. 결국 이런 대인배 같은 태도는 좋게 평가되어 주변으로 퍼져 나갈 것이다. 설령 퍼져 나가지 않더라도 최소한 회사에서 내편이 되어 줄 동료 한 명은 만든 것이다.

나는 대관 업무를 하다 보니 몇 개월 정도 빨리 팀장으로 승진하게 되었다. 그 당시 기준으로 최소 승진 연차였다. 회사 전체에서 그런 연차로 승진한 사람이 겨우 몇 명에 불과했다. 승진 발표 후, 친한 지인으로부터 들은 얘기로는 '이번 최소 연차에 승진한 사람들에 대해 말들이 많았다'고 했지만, 나는 그런 얘기에 신경 쓰지 않기로 맘 먹고 있었다.

승진 발표 다음날 아침 일찍, 나와 알고 지냈지만 그리 친하지 않은 입사동기에게서 전화가 왔다.

'○○야, 승진 축하한다.

어제 전화했더니 계속 통화 중이더라.

그래서 아침 일찍 전화했다.

정말 축하한다.'라며 밝은 목소리로 나의 승진을 축하해 줬다.

그 친구는 업무 능력이 우수하고 동료들로부터 항상 좋게 평가받는 직원이었다. 그는 지금까지 승진을 포함하여 모든 것에서 항상 동기들 중 선두에 있었기에, 이번 인사로 매우 실망했을 거라고 나는 생각했다. 그래서 축하 전화를 기대하지도 않았는데 너무 밝은 목소리로 축하해 줘서 깜짝 놀랐다. 큰 선물을 받은 기분이 들었다. 괜히 그 친구에게 미안해졌다. 회사 생활하는 내내 나는 그 친구에게 감사한 마음을 가졌는데, 그런 멋진 품성을 가져서인지 그 친구는 회사에서 누구보다 좋게 인정받아 남들이 부러워하는 위치까지 올랐다.

회사 생활이란 것이 그런가 보다. 자신보다 상대방을 조금, 아주 조금만 더 앞에 두고 배려해 준다면, 내가 나를 잘 봐 달라고 소리치지 않아도 동료들은 알아서 나의 가치를 높여 준다. 사소한 축하 전화 한 통이 그 사람의 인격이었다. 그러한 인격들이 쌓여 그 사람의 평판이 되고, 그 평판은 밝은 미래를 약속한다. 좋은 일이 있으면 축하의 전화를, 힘든 일이 있으면 위로의 전화를 누구보다 먼저 해보자. 그 대상이 누구든….

"상대방을 조금, 아주 조금만 더 앞에 두고 배려해 준다면, 동료들은 알아서 나의 가치를 높여 준다."

(여기서 생뚱맞게, 인사관련 팁 하나)

회사 인사 때가 되면 찌라시 수준의 많은 승진 후보자들 명단이 직원들 사이에 돌아다닌다. 아마 누군가 술 한잔 하면서, 아니면 재미삼아 자기 기준에 맞춰 추측성 인사를 한 것을 주변 사람들에게 슬쩍 말하면, 순식간에 수많은 사람들에게 퍼져 나가게 되고, 몇 단계 거치다 보면 아무것도 모르는 대다수의 직원들조차 당연하다는 듯이 그 대상자 이름을 말한다.

'이번에 ○○○가 승진한다더라.

이미 결정 났다더라.'

그리고, 회식 자리에서 그렇게 거명되고 있는 사람에게 승진 후 직책을 부르며, '축하합니다. ○○님.'이라고 말하며, 내가 네 편이란 것을 각인시키려고 노력한다.

참 어색하고 재미있는 광경이다.

승진하고 싶은가?

그러면, 이런 상황일 때 조심해야 한다.

승진자로 이름이 오르내리는 순간 위험은 코앞까지 다가와 있다.

특히, 직급이 올라 갈수록 그 위험성은 더욱 크다.

생각해 보자.

인사는 인사권자의 고유 권한이다. 인사 업무를 보조하는 인사부 직원들의 의견을 참조하여 고민하고 또 고민해서 그 자리에 맞는 사람을 인사권자인 CEO가 인사 발령을 낸다. 많은 경쟁자를 비교하여 조금이라도 더 우수한 직원을 승진시키려고 하다 보니 검토할 것이 한두 가지가 아니다. 마지막까지 인사권자도 어떻게 될지 알 수 없는 경우도 많다.

그런데, 누구 누구가 이미 승진자로 결정되었다는 소문이 나면 김이 빠져도 너무 많이 빠져 버린다. 이런 김빠지는 인사를 절대 권력을 가진 인사권자가 왜 해야 할까? 인사권자 입장에서는 소문이 만천하에 퍼져버린 사람을 승진시키자니 마치 등 떠밀려 인사를 하는 것 같고, 거기에다 학연, 지연이나 친분 관계로 얽혀 있다면, 직원들은 '승진자가 인사권자와 어떠 어떠한 인연이나 인맥 때문에 승진됐다.'더라며 떠들고 다닐 것이다.

그때부터 그 승진 대상자의 업무 실력, 리더십, 회사에 대한 기여도 등은 고려대상이 되지 않는다. 모든 것은 좋지 않는 쪽으로 몰아져 가고, 결국 승진 명단에서 빠질 확률은 최고치에 달한다.

그럼, 회식 자리에서 입바른 직원이 아부성으로 축하한다는 말을 하면 어떻게 해야 할까? 강하게 부인하며 그런 말 하지 말라고 단단히 일러줘라. 무대응으로 있으면 그 아부성 발언을 긍정하게 되는 것으로 오해받게 되고, 그러한 오해는 순식간에 직원의 입을 통해 사실인 것으로 포장되어 인사 라인에 알려지게 될 것이다.

'승진하고 싶은가?

그러면, 입 다물고 있으라.

그리고, 입 다물게 하라.

입을 열고, 떠들고 다니는 것은 인사권자에 대한 심각한 도전이다.'

종종 아주 작은 것들이
삶을 완전히 바꾸어 놓을 수 있다.

1. 돈 한 푼 안 들이고 인정을 받을 수 있는 좋은 방법은 웃고, 인사 잘 하는 것이다.

2. 눈치는 '상사 비위를 맞추는 것'이 아니라, '다른 사람의 의도나 상황을 이해하고 배려하는 것'이다.

3. 상식에서 벗어나거나 스스로의 기준에 맞지 않는, 쪽팔리는 행동을 하지 않아야 한다.

4. 복과 화는 말에서 시작된다. 타인의 단점보다 장점을 찾아 따뜻한 말을 많이 하자.

5. 좋은 일이 있으면 축하의 전화를, 힘든 일이 있으면 위로의 전화를 누구보다 먼저 하자.

Chapter 2

항상 지켜야 할
확고한 원칙들

1.

작은 돌부리가 더 위험하다

"없는 듯 보이는 작은 돌덩이가 결국 사람의 발목을 꺾어 버린다."

회사일을 하다 보면 매일 반복적으로 일어나는 것들에 대해 긴장감이 풀어져 '그런 사소한 일에 신경 쓸 시간이 어디 있어?'라며 소홀히 하는 경우가 많다. 각종 사건 사고는 이런 일상적이고 사소하게 생각되는 일에서 많이 일어난다. 건설이나 제조 현장은 말할 것도 없고, 금융업도 일상적이고 사소한 일을 제대로 하지 않음으로써 개인이나 회사, 심지어 국가적인 손해가 발행한다.

언젠가 책에서 "화환상적어홀미(禍患常積於忽微)."라는 글귀를 읽은 적이 있다. 재앙과 근심은 항상 하찮게 여긴 작은 일들이 쌓여 생긴다는 의미인데, 중국 송나라 구양수라는 분이 이런 말을 했단다. 누가 이런 말을 했든 이런 유의 말은 가슴에 와 닿는다.

대부분의 사람들은 어릴 때부터 부모님의 든든한 길 안내에 따라 넓고 반듯한 길을 걸어왔다. 가끔씩 마주하는 험한 길도 자식을 위해 헌신하는 부모님 덕분에 큰 어려움 없이 지나올 수 있었다. 하지만, 사회에 첫발을 내디디며 세상에 홀로 서게 되는 순간부터, 넓은 길이든 개미 한 마리 겨우 지나 갈 수 있는 좁은 길이든 모든 길을 스스로 헤쳐 나가야 한다.

온 힘을 다해 앞만 보며 비슷비슷한 인생길을 걷다 보면, 때로는 커다란 바위가 길 한가운데를 막고 있기도 하고, 때로는 자갈밭 길이 펼쳐지기도 한다. 꽃길만 걷는 인생이 어디 있겠는가?
누구에게나 닥칠 수 있는 크고 작은 위험들은 길가의 돌멩이처럼 흔한 법이다. 다만, 눈이 밝은 건장한 사람도, 맹인용 지팡이들 짚고 걷는 사람도 길 한복판에 놓인 큰 돌은 미리 알아차려 피해 가거나 옆으로 치워버릴 수 있다.

하지만, 대부분의 사람들이 피할 수 없는 것은 눈에 잘 보이지 않는 조그만 돌멩이다. 없는 듯 보이는 작은 돌멩이가 결국 사람의 발목을 꺾어버리는 경우가 많다. 평탄하게 보이는 길 위에, 보일 듯 말 듯, 모난 돌이 뾰족하게 솟아 있다면, 누가 그 돌을 피할 수 있겠는가? 커다란 돌을 피하기 위해 기울여야 하는 몇 배의 노력과 미리 준비하는 사람만이 작고 날카로운 돌부리를 피할 수 있을 것이다. 어렵지만, 늘 주변을 유심히 관찰하며 예상치 못한 상황에 대비하고, 작은 일에도 소홀하지 않으며, 문제나 실수가 생기면 즉시 해결해 뒤탈을 없애는 것이 현명한 태도이다.

대부분의 회사원들처럼 나도 회사가 전부인 듯 일하던 시절이 있었다. 그런데, 이 시기에 조그만 신체적 징후에 대한 무관심이 결국 치명적인 건강 문제로 이어진 경험이 있다.

어느 날, 사무실에서 나는 의자에 앉고 팀원들은 내 주위에 둘러서서 피자를 먹으며 얘기하고 있었는데, 팀원 한 명이 '팀장님, 피자 떨어뜨렸네요.'라고 말했다. 나도 모르게 들고 있던 피자를 바닥에 떨어뜨렸는데 그것을 알아차리지 못했던 것이다. 그 말을 듣고 바닥을 보니 피자 조각이 의자 다리 옆에 떨어져 있었고, 그것을 주우려고 몸을 굽히는 순간 온 몸이 마비된 듯한 느낌을 받았다.

'어, 왜 이러지?'라고 생각하며 어떻게 든 몸을 움직이려고 노력했지만 몸은 내 맘대로 움직여 지지 않았다. 순간적으로 몸에 이상이 왔다는 생각이 들었다. 나는 몸을 움직이기 위해 온몸을 비틀었지만 움직일 수 없었다. 10여 초 이상의 시간이 지나자 몸은 서서히 정상으로 돌아왔고, 그제서야 조금씩 움직일 수 있었다. 그때 그러한 일을 나는 대수롭지 않게 넘겼다.

그 일이 있은 후, 나는 과거처럼 매우 자주 그리고 많은 음주를 즐기며 하루하루를 보냈다. 대관 업무를 할 때 빈번하고 과도한 음주로 인해 몸이 공중 부양되는 듯한 느낌을 자주 경험하곤 했다. 그런데, 술자리가 적은 부서로 옮긴 후에도 술의 향기를 멀리하기엔 아쉬움과 허전함이 남아 있어서인지, 평상시에는 금주하다 어느 순간 마그마가 폭발하듯 폭음하는 일이 많았다.

그렇게 5년여의 시간이 흘렀고, 한 해를 마무리하는 날이 되었다. 무탈하게 열심히 살아온 것을 기념하기 위해 친한 직원 몇 명과 만나 가볍게 반주 한 잔씩 하고 집으로 갔다. 그간 마셨던 술에 비하면 가글하듯 입가심한 정도였다.

신년의 아침. 푹 자고 일어났지만 온몸에 힘이 없고 많이 졸렸다. 나는 거실에서 편한 바지를 입으려 바지 허리춤을 잡고 몇 번이나 다리를 넣으려 시도했지만, 바지 구멍을 제대로 맞출 수 없었다. 그 과정에서 약간의 어지러움과 메스꺼운 증상도 나타났다.

그날은 신년 첫 날이라 문을 연 병원을 찾기 어려웠다. 딸은 내일이라도 병원에 가보는 것이 좋다며 인터넷으로 여기저기 병원을 알아본 후, 내가 다니는 회사와 가까운 병원 한 곳과 서울대 병원을 예약했다. 그날은 계속되는 어지러움과 끊임없는 졸음으로 길고 긴 하루를 보냈다. 다음 날 아침에도 그러한 증상은 여전했다.

1월 2일은 회사에서 시무식이 열리는 날이라 나는 일찍 차를 몰고 출근했다. 시무식 행사는 15층에서 열렸다. 내가 근무하는 사무실은 13층에 있었기 때문에 비상계단을 통해 행사장으로 올라 갔다. 그런데, 발을 옮길 때마다 계단 중간 턱에 계속 걸렸고, 나는 힘겹게 2개 층을 걸어올라 갔다. 몇십 분의 행사를 끝낸 후, 임원들은 직원들과 악수하며 인사하는 시간을 가졌다. 앞선 많은 직원들과 인사를 나눈 은행장께서 드디어 내 앞으로 오셔서 손을 내밀며 '새해 복 많이 받으라'고 말씀하였다. 하지만, 나는 '새해 복 많이 받으세요.'라는 말을 할 수 없었다. 말을 입 밖으로 내는 것이 너무 어려웠다. 온 힘을 짜내 겨우 '새해 보 마니….'라고 얼버무릴 수밖에 없었다. 아마, 웃고 있는 은행장도 '이 자슥, 아침 잘 못 먹었나? 말도 제대로 못 해.'라고 속으로 생각했을 수도 있었다.

너무나 말이 어눌하게 나와 나는 충격을 받았다. 병원이라면 질색하는 나였지만, 시무식을 마치자 곧 바로 딸이 예약해 둔 서울대 병원으로 갔다. 의사 선생님께서 간단한 몇 가지 질문과 손동작, 눈동자 움직임을 검사한 후 나를 응급실로 보내 MRI를 비롯하여 여러 가지 검사를 받도록 하였다. 그 결과 뇌졸중(뇌경색)이란 판정을 받았다. 이미 5년 전 피자를 떨어뜨린 때부터 그 징후를 보였음에도 아무렇지 않게 넘긴 것이 이렇게 큰 결과를 초래한 것이다. 다른 뇌졸중 환자에 비해 심각한 상태는 아니었지만, 병원에서 1주일을 보낸 후 퇴원을 하였다. 그때부터 저하된 신체기능을 정상화시키기 위해 오랫동안 자발적인 재활 노력을 해야 했다.

'5년 전 그때, 그 작은 징후라도 관심있게 관찰하고 대비했더라면 얼마나 좋았을까?'라는 후회를 했지만, 이미 엎질러진 상황이었다.(혈관 관련 이상 징후를 파악할 수 있는 간단한 검사법을 알아두면 좋을 것 같다. 나는 병원에서 양손을 앞으로 내밀어 뒤집기를 해 보거나 손가락을 서로 맞춰보는 것과 눈동자가 제대로 움직이는지 확인하는 등의 방법으로 검사를 하였는데 이 방법 이외에도 다양한 방법이 있다.)

회사일을 하다 보면 매일 반복적으로 일어나는 일들에 대해 긴장감이 풀어져 소홀히 하는 경우가 많다. 숫자를 전산 입력하고 서류를 제대로 갖추는 것이 중요한 금융업의 경우 깜빡하고 전산 키 조작을 잘못하거나 놓친 서류 한 장 때문에 개인적으로 벌을 받거나 금전적으로 손해를 보는 예는 흔하다. 어느 회사에서 배당 방법을 잘못 입력하여 몇조 원의 유령 주식이 발행되어 사회적으로 큰 이슈가 된 적이 있다. 나또한 영업점 창구에서 일할 때 외화 현금 매수 거래를 매도 거래로 입력하여 금전 손실을 본 경험이 있다. 이 외에도 검사부에서 전산으로 상시 감사할 때, 창구 직원의 전산 입력 오류로 1억 원을 송금해야 하는데 7억 원을 송금한 것을 발견하여 정상화시키는 등 일상적으로 발생하는 업무에 대해 소홀히 함으로써 언제든 문제가 발생할 수 있다. 물론, 전산 입력 오류 외에도 수많은 위험이 도사리고 있는 곳이 회사 생활이다 보니 사소한 일에 조심하자는 말을 수없이 강조해도 지나치지 않다.

한 가지 더 사례를 들어보면, 몇 해 전 몇몇 회사에서 직원이 수백만 원부터 수천억 원을 횡령한 사건들이 발생하여 각종 언론에 도배된 적이 있다. 그런데 이러한 사건들을 자세히 들여다보면 매우 복잡하거나 신출귀몰한 수법이 아니라 아주 평범한 방법으로 거액을 횡령한 것이다. 만약, 함께 일하는 직원 중 누구라도 촘촘하게 짜인 내부 통제 매뉴얼을 약간의 주의와 관심을 가지고 지켰더라면, 오랫동안 이어져 온 행위에 한 번쯤 의심을 품고 점검을 하였더라면, 그렇게 큰 금액의 사고로 확대되는 것을 미리 막을 수 있었을 것이다. 이러한 사고는 약간의 빈틈이 보이면 언제, 어디서든, 누구에게나 생길 수 있는 일이다. 이와 같은 사소한 부주의나 약간의 관심 부족으로 발생한 사건들을 몇 날 동안 열거해도 끝나지 않을 것이다.

오랜 직장 생활을 무사히 마친 사람들은 이와 같은 불미스러운 사건에 연루되지 않은 것에 대해 무한히 감사함을 느낀다고 말한다. 직장에서든 직장 밖에서든 사소한 사고가 인생의 발목을 잡는 경우가 많으니 항상 조심해야 한다.

내 주변에 사고 칠 만한 사람을 만나지 않은 것은 나의 행운이지만, 설령 만났더라도 그 사고를 막거나 줄이는 것은 나의 관심과 실력이다. 회사 생활을 시작하는 순간부터 다이어리 첫 페이지에 '작은 돌부리가 더 위험하다.'는 문구를 큼지막하게 적어 두고, 매 순간 그 말을 되새기며 작고 사소한 일에도 세심한 주의를 기울이면 좋겠다.

"일상적이고 사소한 일에 소홀히 하지 말자. 사고는 그런 일에서 일어난다."

2.

술 마시고 운전하지 말자

"술이 웬수지 사람이 웬순가요?"
그 웬수 같은 술 때문에 인생 종칠 수 있다.

우리나라는 술에 매우 관대했다.

부어라 마셔라 하며 거의 매일 술에 절어 사는 사람들, 아침 일찍 출근하다 보면 밤새도록 술을 마셨는지 비틀리며 어디론가 걸어가거나 길 바닥이나 계단에 주저 앉은 사람들을 보곤 했다.

나는 회사에 들어오기 전까진 술을 거의 하지 못했다. 아버지를 닮았으면 꽤나 명성을 떨치는 주당이 되었을 텐데, 술을 못 마시는 엄마를 닮아 한두 잔 술에도 숨을 할딱이며 괴로워했다. 하지만, 술을 좋아하셨던 아버지의 유전자가 내게도 숨겨져 있었던 것 같다. 회사에 들어온 후 조금씩 마시던 술의 양이 날이 갈수록 늘어나자 술을 마실 때마다 항상 경험하던 숨가쁜 증상이 점차 사라져 갔다.

말단 행원일 때, 4년간의 대구생활을 마치고 김천으로 이동했는데 그 지점에는 나와 죽이 잘 맞은 직원들이 있었다. 살고 있는 아파트가 비슷한 위치에 있어 자주 모여 음주가무를 즐겼다.

그 당시에는 야근을 하지 않고 일찍 집에 가면 뭔가 해야 할 일을 하지 않은 느낌을 가졌기 때문에 일을 만들어서라도 매일 야근했다. 그러고 나서, 술의 양이 많고 적음을 떠나 한 잔 했는데, 발동이 걸리면 노래방으로 직행했다. 지금 생각해도 노래에 참 진심이었던 것 같다. 우리는 몇 시간을 노래방에서 노래를 불렀다. 늦은 새벽이 되면 노래방 기기에서 애국가가 흘러나오곤 했는데, 마치, '모두 잠에서 깨어 출근해야 할 시간에 아직도 노래하고 있냐'고 핀잔을 주는 듯한 느낌을 받곤 했다. 우리는 그 애국가를 마지막 곡으로 들으며 퇴근했다.

나의 주량은 조금씩 늘고 있었지만, 큰 진전을 보지 못한 채 말단 행원의 시절은 지나갔다. 그리고, 2000년에 과장 책임자가 되었다. 책임자가 된 지 얼마 지나지 않았을 때, 내가 담당하던 회사 대표님이 자신의 단골 식당인 백반집에서 가끔 내게 점심을 사 주셨는데, 식사하면서 꼭 반주로 소주를 드셨다. 그분은 주량이 세서 기본적으로 소주 2병 정도 마셨고, 그 때마다 '남자가 사회생활 멋지게 하려면 술도 마실 줄 알아야 한데이.'라고 말씀하셨다. 그러면서 내게 술을 따라 주셨다. 나는 어쩔 수 없이 소주 반 병 정도 마시곤 했다. 낮술 반 병은 적은 량이 아니었다. 특히, 나처럼 주량이 형편없는 사람에게 낮술 반 병은 죽음의 량이었다.

얼굴이 발갛게 달아오른 상태로 사무실을 들어서면, 혹시라도 누가 볼까 봐 후다닥 2층 휴게실로 갔고, 그곳에서 얼굴색이 제대로 돌아올 때까지 잠깐 쉬려고 의자에 앉으면 얼마 지나지 않아 눈이 감겨 깜빡 잠들곤 했다. 그런데, 하필 그때마다 지점장님이 지점 여기저기 둘러보시다가 휴게실 의자에 앉아 졸고 있는 나를 보고는 '쫄다구 과장놈이 또 졸고 있네.'라고 미소를 띠며 반 놀림의 말씀을 하셨다. 그렇게 힘겹게 배운 술이었다.

몇 년이 지나자 주량이 봄철 대나무 죽순 자라듯 늘어났는데, 술을 잘하지 못하면 '에이 남자가 사회생활하는데 주량이 약해서 어디 쓰나?'라며 술 잘 마시는 것을 자랑스러워하는 사람들이 즐비하던 시절이라 술 잘 마시는 것도 큰 장점이 될 수 있었다.

우리나라의 특이한 음주 버릇은 상대방을 배려하지 않고 같은 양을 마시길 바라고 강요하는 것이다. 술 잔에 술을 따르고 누군가가 마시려고 잔을 들면 다같이 잔을 들고 부딪치며 원 샷, 이때 잔을 비우지 않으면 꺾어 마신다며 핀잔을 주곤 한다.

　서로 술을 따라주며 같이 마시는 것은 주량이 약한 사람에게 고통스러운 일이지만 그나마 약간의 정이 있는 주법이다. 어떤 때는 사람 수만큼 잔을 한 사람 앞에 모아 모든 잔에 술을 채운 후, 동시에 모든 잔을 원 샷하고 옆 사람에게 잔들을 넘기는 일명 '테러주'나, 자기 앞에 술병을 하나씩 두고 각자가 다같이 자신의 잔을 채운 후 어느 한 사람이 술을 마시면 모두가 동시에 잔을 비워야 하는 정도 없고 술만 취하는 주법도 있다.

　참 고약한 술 문화다.

　이렇다 보니 술을 마신 후 사고가 나면 '술 한잔 했으니 그럴 수도 있지.'라며 용서하는 분위기가 최근까지 이어졌다.

　90년대 초만 하더라도 차를 가지고 있는 젊은 직원은 많지 않았지만, 나는 회사 들어오자마자 운전 면허증을 취득했고, 면허증 취득 후 곧바로 중고차 한 대를 사서 출퇴근했다. 주차장이 협소하여 가능하면 자가용보다 대중교통을 이용하도록 권장하였으나, 나는 자가용으로 출퇴근했다. 처음 얼마 동안 지점 인근 유료 주차장에 주차를 하였으나 눈치를 봐 가며 가끔씩 회사 건물에 주차하곤 했다.

　그 당시 야근과 술 한잔 후 퇴근하는 것이 회사의 분위기다 보니 나는 술을 좋아하지는 않았지만 자주 마셨다. 대리운전이라는 것도 없었던 시절이라 술 마시는 날은 차를 회사에 두고 가야 했는데, 완벽하게, 항상 두고 간 것이 아니라 대부분 그랬다. 문제는 대부분이 아닌 날이었다.

가끔씩, 술을 조금 마셨다고 생각되는 날에는 손바닥에 입김을 분 후, 손바닥을 코에 대보고 술 냄새가 나지 않는다고 생각되면 용감하게 운전대를 잡았다. 머리속으로 끊임없이 술 냄새가 나지 않아 괜찮을 거라고 자신에게 용기를 불어넣으며 운전을 했지만 집에 도착할 때까지 항상 마음 졸여야 했다.

회사에서 30여 분쯤 가야 하는 곳에 집이 있었는데, 가는 과정에 터널 한 곳을 지나야 했다. 그런데 가끔씩 터널 끝나는 장소에서 경찰이 음주 단속을 하곤 했다. 술을 마신 후 택시를 타고 터널을 지나가는데 음주 단속을 하고 있는 걸 보면 괜히 기분이 좋아지며 차를 두고 온 것에 대해 뿌듯함을 느끼곤 했다. 더군다나 음주단속에 걸려 경찰에게 조사받고 있는 사람들을 보면 '그러게 술 마셨으면 차를 두고 다녀야지.'라며 한심스럽게 생각하였다.

세상사 그렇듯 '항상, 언제나, 늘, 영원히'와 같은 말은 평범한 인간에게 어울리기 어려운 것 같다.

과장이 되고 얼마 지나지 않았을 때였다. 수시로 하는 직원 회식이었지만 그날은 술을 꽤 많이 마셔 술 냄새 풀풀 풍기는 상태였고, 누가 봐도 술 마셨다는 것을 알 수 있었다. 무슨 만용이 생긴 건지 다른 날과 달리 운전대를 잡았고 매우 조심스럽게 운전을 해서 집으로 갔다. 마침내 집 근처에 있는 터널에 도착했다. 이 터널만 지나면 집이었다. 도둑질하듯 조심스럽게 터널 안으로 들어가는데, 그날 따라 유달리 많은 차들이 내 뒤에 따라붙어 있었다. 취중임에도 집까지 아무일 없게 해 달라고 간절히 기도하며 조심스럽고 은밀하게 운전해서 터널 곡선이 끝나는 구간에 다다랐다. 그런데, 갑자기 번쩍거리는 수많은 불빛이 눈에 들어왔다. 음주 단속 중이었다.

'아이고, X됐다.'
차들 두고 오지 않은 것에 대한 후회가 성난 파도처럼 밀려왔지만, 도망칠 구멍은 없었다. 도둑질한 물건을 들고 있는데 주인에게 손목을 잡힌 것과 같은 빼박인 상황이었다.
'오, 酒여, 어찌하오리까!!!'
도망치고 싶은 마음뿐이었지만, 빠져나갈 구멍이 없었다. 천천히 나의 차는 음주단속을 하는 경찰관 앞에 다다랐다. 술에 취해 '에라 될 대로 되라'고 만용을 부릴 수도 있을 것 같지만 그것은 철없는 생각이었다. 세상이 무너지는 절망과 부끄러움, '앞으로 어떻게 해야 하나?'라는 걱정만이 나를 짓누르고 있었다.

경찰이 측정기를 입에 가져다 대고서는 '숨을 후~~하고 불라'고 했다. 더 이상 할 수 있는 것이 없다는 것을 깨달은 나는 자포자기 심정으로 약하게 '후~.' 하고 숨을 측정기에 불었다. 음주 단속하는 경찰들이 이런 음주운전자를 한두 번 경험 했겠는가? 경찰은 다시금, '길게 후~~ 하고 부세요.'라고 말하자, 나는 어쩔 수 없이 '후~.' 하고 숨을 내쉬었다. 그러자, 경찰은 '더더더….'라고 강요했고, 나는 곧 차 밖으로 끌려 나갔다. 순식간에 죄인이 되어 있었다. 마치 수갑을 찬 채 끌려가는 느낌이었다.

그날은 민관 합동 단속 중이라고 했다. 그냥 단속과 무슨 차이인지 모르겠지만 매우 엄격하게 단속하고 있다는 뜻인 것 같았다. 나는 1차로 음주 측정한 경찰관에 이끌려 버스로 갔는데, 나같은 사람이 많이 줄지어 서 있었다. 그 버스 안에는 서너 명의 경찰이 앉아 있었고, 1차 음주 측정에서 걸린 사람을 더욱 세밀하게 측정하여 음주 수치를 장부에 기록하고 있었다.

내 앞에 여러 명이 있었기에 나는 간신히 서서 차례를 기다렸다. 그렇게 한참을 기다리고 나서야 내 차례가 돌아왔다. 나는 버스 안으로 들어가기 싫어 버스 밖에 엉거주춤하게 서 있는데, 빨리 들어오라는 손짓과 독촉에 어쩔 수 없이, 도살장에 끌려온 소처럼 느릿느릿하게 버스 안으로 들어가 경찰 책상 앞에 앉았다. 의자에 앉자 말자 경찰은 음주 측정기에 '후~.' 하고 불라고 했지만 나는 머뭇거리며 불지 않았다. 내 마음 속에서는 '불지 마, 불면 큰일나. 끝까지 버텨봐.'라고 소리치고 있었다. 정말, 정말 불고 싶지 않았다. 내가 그렇게 버티자 마치 사형수에게 마지막 밥 한끼 먹이듯, 경찰이 친절하게 물을 한 통 주며, 마시고 나서 불라고 했다.

  나는 천천히, 아주 천천히 물을 마시며 한참을 버텼으나 더 이상 어떻게 할 방법이 없었다. 경찰은 '너 같은 놈들 많이 봤어, 버텨야 소용없어.'라는 눈빛으로 눈을 껌벅거리며 불라고 강요했다. 정말 더 이상 할 수 있는 것은 없었다. 나는 '에라, 모르겠다.'라는 심정으로 측정기에 '후~~.' 하고 불었다. 그런데, 아니, 이게 웬일인가? 음주 측정기상 수치는 알 수는 없었지만, 그 경찰이 내게 '술 많이 안 마셨네요.'라고 말하며 집으로 가라고 했다.
  '오잉, 이게 뭔 상황.'
  나는 마치 도살장에서 탈출한 소처럼 번개같이 버스 밖으로 나와 그곳에서 약 300미터쯤 떨어져 있는 집으로 안도의 한숨을 쉬며 부리나케 갔다. 한 순간의 방심이 불러온 무서운 경험이었다. 그때 느꼈던 당황스러움은 트라우마처럼 내 마음 속에 남아 있다.

  그 후 대리 운전이 활성화되었다. 대관 업무를 담당하면서 거의 매일 술을 마셨는데 항상 대리운전을 해서 갔다. 하지만 금요일처럼 음주자가 많은 날은 대리 운전 기사를 배정받기가 쉽지 않아 신청 후 1시간 이상 기다릴 때도 많았다. 그렇게 오랜 시간 기다리며 차 밖을 서성거리다 보면 성질도 나고 바깥 바람에 술도 깬 듯하여 운전대를 잡고 출발하려는 나를 보곤 했다. 하지만, 오래전에 경험했던 그 부끄러운 경험을 떠올리며 인내하고 또 인내했다. 지금도 그런 상황을 생각할 때마다 아찔함을 느낀다. 약간만 방심해도 음주운전 할 수 있는 상황인 것이다.

술은 이상한 용기를 불러 일으켜 과격하게 운전하도록 하여 사고로 이어진다. 과거에는 '그럴 수 있지.'라며 큰 문제로 여기지 않았지만, 지금은 '음주운전은 살인 행위다.'라며 심각한 범죄 행위로 보고, 엄중하게 처벌해야 한다는 인식이 확고하게 자리 잡았다. 음주운전에 대한 사회적인 태도가 완전히 바뀐 것이다.

특히, 우리 같은 급여 생활자들은 음주운전을 하다가 걸리면, 음주 측정 수치에 따라 차이는 있지만, 최소 감봉에서 면직이다. 조금만 수치가 높으면 에누리 없이 당연 면직 처리될 수밖에 없는 것이다. 다르게 말하자면, 술을 마시고 운전 한 번 했다가 패가망신 당한다는 의미다.

음주운전은 회사에서 어떤 징계를 받느냐의 문제보다 자신뿐만 아니라 여러 선량한 가정을 풍비박산 낼 수 있는 매우 위험한 행위이다. 본인의 미래를 위해, 가정의 안녕을 위해, 더 나아가 수많은 사람들의 안전을 위해 절대 음주운전을 하지 말아야 한다. 술을 마시고 운전대를 잡아 무사히 집으로 간 것을 운이 좋다고 생각하면 큰 오산이다. 더 큰 사고가 기다리고 있기 때문이다.

술 잔을 입에 댄 순간, 대중 교통을 이용하거나 무조건 대리운전을 습관화해야 한다. 대리비 몇만 원 아끼려다 평생 직장 날아간다.

"음주운전은 미친 짓이다. 모든 사람들의 인생을 파괴시키는 최악의 행동이다."

3.

꺼진 핸드폰도 다시 확인하자

"에이, 이놈의 핸드폰을 왜 만들어 가지고."
뒤늦게 후회해 봐야 바뀌는 건 없다.

스마트폰이 대중화되기 전까지 우리는 사랑하는 사람에게 소식을 전하고 듣기 위해 편지를 썼다. 자주 보지도 못하고 듣지도 못하는 그 안타까운 마음을 조금이라도 놓칠까 봐 마음에 드는 문장이 완성될 때까지 쓰고 지우기를 수없이 반복하였다. 애틋한 마음을 담아 쓴 편지 속에는 세상의 아름다운 모든 말이 적혀 있었다. 그리고, 겨우 편지가 완성되면 몇 번이고 주소를 확인한 후 밥풀로 봉투를 붙여 우체통에 넣었다.

편지를 쓰고 일정시간이 지나 답장이 도착할 것으로 예상되는 날이면, 하루 종일 빨간 가방을 메고 자전거를 타고 오는 우체부 아저씨를 기다리곤 했다. 편지를 받은 상대방이 어떤 마음을 내게 보냈을까 하는 궁금함과 기대가 섞여 있는 설렘 가득 찬 기다림이었다.

이제 그런 기다림은 멀고 먼 옛 서적에서나 찾을 수 있다. 완료버튼을 누르면 0.1초도 안 되어 상대방에게 나의 마음이 도달하는 시대에 사는 요즘 사람들은 기다림이 주는 설렘과 아련함을 알지 못할 것이다.
빠르다는 것은 큰 장점이다. 특히, 여러가지 일을 동시에 하며 바쁘게 사는 현대인들에게는 핸드폰은 안성맞춤인 발명품이다.

그러나, 핸드폰은 매우 편리한 도구인 것은 확실하지만, 매우 위험한 물건이기도 하다. 유선 전화기처럼 통화하기 위해 수화기를 들거나, 끝내기 위해 놓는 절차가 버튼 하나로 해결되다 보니 위험성이 매우 크다. 잘못 터치 되기라도 하면 순식간에 의도하지 않은 대상에게 전화가 가기도 하고, 통화를 하고 나서 끊었다고 생각했는데 계속 통화중인 경우가 왕왕 발생한다.

대관 업무를 담당할 때였다. 술자리에서 핸드폰을 만지다가 나도 모르게 고위 공무원에게 전화를 한 적이 있었다. 나는 전화가 된 지도 모르고 그냥 동석한 사람과 얘기를 나누며 술을 마셨다. 다행히 그분이 잘못 누른 것으로 이해해 줬지만 매우 당황스러운 경험이었다.

하지만, 그것은 약과에 불과했다.

더 큰 최악의 순간이 나를 기다리고 있었다.

부행장 때였다.

우리 직원들과 사무실에서 차 한잔하며 이런저런 얘기를 나누고 있었다. 그 자리에는 아들 또래의 직원들도 있다 보니 자연스럽게 그 또래에 관한 대화를 했다. 그러다 습관처럼 '우리 아들은 불과 얼마 전까지만 해도 ○○가 없었다.'며 아들의 단점을 말하기 시작했다.

그런데 내가 자기 흉을 보고 있다는 것을 느꼈는지, 회사에서 한창 바쁘게 일하고 있을 시간에 아들로부터 핸드폰으로 전화가 걸려왔다. 아들이라면 목소리만 들어도 기분이 좋아지다 보니, 나는 기쁜 마음으로 얼른 전화를 받았다. 그리고 안부와 일상적인 대화 몇 마디를 나눈 후, '열심히 해라.'라고 말하며 전화를 끊었다. 그리고, 직원들에게 아들 흉을 계속 얘기했다. 그냥 자식 칭찬만 하면 팔불출이라기에 아들 욕도 좀 하면서 젊은 직원들과 얘기를 나눴다.

저녁에 퇴근해서 집에 오니, 아들이 벌써 와 있었다. 서둘러 씻은 뒤 식탁에 앉아 밥을 먹으려는 데 갑자기 아들이 '아빠, 혹시 회사에서 직원들에게 제 욕이나 하며 시간을 보내시는 건 아니죠?'라고 말했다.

'왜, 그게 무슨 말이야?'

'낮에 아빠하고 통화하고 난 후, 전화가 끊어지지 않았는데 아빠가 아들은 뭐라뭐라 하면서 욕하던데….'

으악, 이렇게 당황스러울 수가.

'아들, 그걸 들었니? 얼마나 들었어?'

'그냥 그런 말 들리길래 바로 끊었어.'

'허허. 개 당황.'

나는 급한 김에 변명을 늘어 놓았다. '우리 회사에 아들 또래가 많은데 아들 칭찬만 하면 아버지를 팔불출이라고 할 수 있어서, 아들 흉을 조금 보는 척하다가 우리 아들 열심히 공부해서 대기업 들어갔다고 칭찬하는 거지.'

변명을 늘어 놓으면서도 아들에게 너무 미안한 마음뿐이었다. 턱까지 차오르는 숨을 겨우 참고, 아들 마음 풀리길 바라며 주저리 주저리 변명했다. 무슨 말을 했는지 기억조차 나지 않지만, 대략 '아버지가 팔불출 되기 싫어 아들 칭찬하기 전에 맛보기로 쪼끔 흉봤다.'는 식의 말이었다. 그런 억지스러운 변명도 착한 아들은 이해해 주었다. 정말 진땀 나는 순간이었다.

나는 주변 사람들로부터 이런 진땀 나는 경험 얘기를 가끔 듣는다.

어느 날, 다른 회사에 다니는 지인이 재밌다는 듯 내게 말했다. '회사 직원 중 한 명이 저녁에 술을 마시다가 실장한테 전화해서, "실장님 사랑합니다, 존경합니다." 라며 온갖 좋은 말을 한 후 전화를 끊었다. 그런데 불행하게도 전화가 끊어지지 않는데 그걸 모른 채 같이 있던 동료들에게 실장을 헐뜯기 시작했고, 실장은 이런 대화를 한참 동안 듣고 있었다. 다음 날, 술 냄새 풀풀 풍기며 출근한 그 직원을 실장이 방으로 불렀다. 그리고, 한참의 시간이 흘러 그 직원이 실장실을 나왔을 때, 얼굴은 회색빛으로 굳어 있었다. 그것 때문인지는 모르겠지만, 그날 이후 그 직원의 회사 생활은 많이 불편해졌다.'

우리 주변에서 일어날 수 있는 아주 흔한 일이다. 특히, 술자리가 많은 회사원이라면 이런 아찔한 경험을 한두 번쯤 했을 수 있다. 한순간도 방심하지 말고 각별히 조심 또 조심해야겠다.

"꺼진 불도 다시 보자."라는 구호가 한때 유행했다.
만고불변의 진리다.
이제는 편안하고 안전한 인생을 위해 하나 더 추가해야 한다.
'꺼진 핸드폰도 확인하고 또 확인하자.'

"당해보고 후회 말고, 자나 깨나 핸드폰 조심하자!!!"

4.

지금 하는 일은 반드시 결과로 나타난다

"아이고! 이런 것까지 확인하네. 영원히 안 들킬 줄 알았는데…ㅠㅠ"

'김 대리님.
지점장실로 잠깐 들어오세요.'

잠시 후 50대쯤 되어 보이는 K직원이 지점장실 문을 두드린 후 주뼛
거리려 들어왔다. 평소에 한 번도 지점장실로 부른 적이 없는데 갑자기
왜 불렀는지 의아해하는 모습이다.
'지점장님. 부르셨습니까?'
'네. 잠깐 앉아 보세요.'
K직원은 긴장한 채 탁자 제일 끝에 있는 의자에 자리잡고 앉았다.

내가 4급 과장으로 현장감사를 갔을 때의 일이다.

지금은 대부분 인터넷으로 처리하지만, 그때는 국가에 납부하는 세금을 주로 은행 지점에 가서 납부하였는데, 은행 직원은 세금 고지서와 납부금액을 확인한 후 영수증에 수납인을 날인하여 고객에게 교부하였다. 은행에서는 세금을 수납한 후, 특정 날짜에 한국은행 등으로 수납받은 돈을 송금해준다.

감사를 나가면 직급이 낮은 감사자가 세금을 수납하여 적정하게 처리하였는지를 감사했다. 한 달치 세금 납부 서류를 제출 받아 세금 수납한 날짜와 세금관련 통장에 입금된 날짜, 재무제표상 금액을 비교하여 하루라도 차이가 나거나 금액이 틀리면 수납한 세금을 개인적으로 사용하는 등 업무처리에 문제 있는 것으로 보고 그 원인을 밝히기 위해 강도 높은 조사를 한다.

그날도 꼼꼼하게 세금 수납 서류와 통장을 확인하다 보니 K직원이 처리한 것에서 뭔가 이상한 점이 발견되었다. 그래서 세금을 납부한 회사에 전화를 걸어 납부 일자와 K직원이 처리한 세금 고지서에 날인된 수납 날짜, 통장에 입금된 날짜를 샘플로 몇 건 대조해 보았는데, 아니나 다를까, 세금 수납하면서 고객에게 교부하는 영수증에 찍힌 날짜와 은행 보관용 고지서에 찍힌 날짜에 차이가 있었다.

증거가 명확했기에 지점장에게 그런 사실을 알려주면서 사고 나지 않도록 해당 직원을 잘 관리해 달라고 요청했다. 비록 며칠씩 유용한 금액이 몇십만 원밖에 되지 않은 소액이었지만, 더 이상 그렇게 하지 못하도록 지점장이 지속적으로 관찰하는 것이 좋을 거라 생각했다. 그냥 넘어가 버리면 결국은 더 큰 사고로 이어지는 경우를 많이 봐 왔기 때문에 내린 결정이었다.

그 사실을 들은 지점장은 K직원을 지점장실로 호출하였고, K직원이 자리에 앉자 지점장이 부른 사유를 말하면서 왜 그렇게 했는지 이유를 물었다. 그러자, 갑자기 K직원은 울음을 터뜨렸다. 그러한 잘못을 들킨 것에 대해 큰 죄책감을 느껴서인지 울기만 했다. 이러한 모습을 본 지점장은 다시는 그러지 말라고 경고하면서 안타까운 마음에 다독여도 주었지만, 며칠 지나지 않아 K직원은 사표서를 제출하였다.

K직원은 몇 해전 남편과 사별한 후 혼자서 아이를 키우다 어렵게 계약직으로 은행에 들어왔다. 들어보니 개인 사정이 매우 딱하였지만 그것은 개인 사정일 뿐이었다. 돈을 만지는 회사원으로써 반드시 지켜야 할 정직함을 어겼기에 어쩔 수 없이 사표 처리되었다.

회사원으로 근무하면서 회사 돈을 개인적으로 사용하는 것은 절대 있어서는 안 된다. 오죽했으면 단돈 10만 원을 자신의 시재통에서 꺼내 사용한 잘못으로 면직처리 되었겠는가? 그 모든 것은 본인의 책임인 것이다.

회사 생활을 하다 보면 어떤 일은 나의 행위가 있은 지 불과 찰나의 순간에, 어떤 일은 오랜 시간이 지난 후에 그 결과가 나에게 영향을 미치곤 한다. 그러한 사례들을 굳이 힘들여 찾을 필요조차 없다.

거액의 고객 돈을 무단 인출하여 여유 있는 생활을 하다가, 어느 날 고객이 꽉 차 있던 계좌 잔고가 사라져 버린 것을 발견하여 신고하자, 결국 들통나서 경찰 조사받고 감방 가는 경우, 회사 돈을 야금야금 빼쓰다 보니 그 횡령 금액이 수 백억 원이 된 경우, 회사가 생산하는 제품을 빼돌린 경우, 회사 비품을 개인적으로 사용한 경우 등등 사례도 다양하다. 너무 사고가 많이 나다 보니 국가적인 이슈가 되어 내부통제의 책임을 명확히 하는 법까지 개정하게 되었다.

어떤 조직이든 시대 흐름에 맞는 체계적이고 촘촘한 내부통제 장치를 만들어야 하고 그 장치들이 제대로 작동하고 있는지 끊임없이 점검해야 한다. 대부분의 조직은 그러한 것을 조직의 당연한 의무라고 인식하고 있어, 감독기관에서 강제하기 전에 스스로 효율적인 내부통제 시스템을 만들려고 노력하고 있다.

하지만, 아무리 훌륭한 시스템을 가지고 있어도 과감하고 교묘하게 나쁜 짓을 하는 사람들이 나타나곤 한다. 그렇게 사고 치지 말라고 소리치고, '사고치면 죽인다'고 겁을 줘도 끊임없이 사고가 난다. 불나방 같은 삶을 사는 인생들이 상상 외로 많다는 것을 의미한다. 다양한 사람들이 모여 있는 회사라는 곳은 영원히 이런 위험에서 벗어나기 어려울 것이다.

어떤 사례는 계획적이고 어떤 사례는 한순간의 유혹으로 발생하기도 하지만, 그 사고의 크기와 관계없이 자신이 책임을 져야 하는 것은 동일하다. 각각의 사정을 들어보면 동정도 가고 안타까우나 조직을 운영하기 위해 그 책임을 묻지 않을 수 없다. 특히, 회사 생활하는 사람에게는 그 규범이 일반적인 경우보다 더 엄격하게 적용되어야 하는 것이다.

어떤 인생을 살든, 미래의 인생은 지금 하고 있는 나의 행동에 달려 있다. 좋은 행동을 하면 좋은 모습으로, 잘못된 행동을 하면 잘못된 모습으로 자신에게 나타날 것이다. 마치 시간의 품 속에서 잠깐 머문 뒤 반드시 자신에게 돌아오는 부메랑과 같은 것이다.

'설마 무슨 일 있겠어?
아무일 없을 거야.

모두가 그렇게 생각하지.
인생이 그렇게 쉬운 것 같지?
그렇게 생각하다 보니 지금의 내가 있는 거야.

제기랄!!! 좀 제대로 살걸.

다시 그때로 돌아간다면 그런 일은 하지 않을 텐데.

후회스럽지?
어쩌냐!
그때로 돌아갈 일은 전혀 없을 거야.

지금 부터라도 잘하면 돼.
그러면, 지금 같은 후회는 없을 거야.
지금부터 잘하면 돼…!!!'

"내가 한 행동은 반드시 결과로 나타난다. 그리고, 그 결과는 나의 몫이다."

작은 방심이
인생을 위태롭게 할 수 있다.

1. 작은 일에도 세심한 주의를 기울여 문제와 근심거리를 만들지 않도록 하자.

2. 음주운전 NO, NO, NO! 술 마시면 돈 아깝다 생각 말고 무조건 대리운전 하자.

3. 편리하다 방심 말고 꺼진 핸드폰도 확인 또 확인하자.

4. 어떤 인생을 살든, 미래는 지금 나의 행동에 달려 있다.

PART 2

성공적인 회사 생활을 위한
3가지 워크 애티튜드

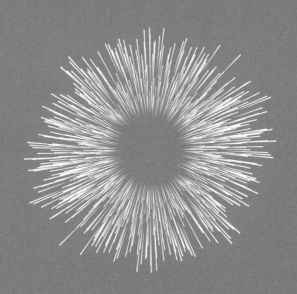

Chapter 1

스마트 워크(Smart work):
똑똑하게 일하기

1.

보고 또 보고하자. 상사는 결코 잊지 않는다

"상사는 지시한 일을 결코 잊지 않는다. 궁금하면 니가 와서 알아보
라고 배짱 부리는 직원의 미래는?"

입사한 지 1년 남짓 된 김 대리가 2년차 선임에게 묻는다.

"저, 박 대리님. 부장님이 일주일 전 제게 '요즘 젊은 사람들 여가 활
동 트렌드에 대해 검토해 보라'고 말씀하시고는, 지금까지 아무 말씀 없
는데 어떻게 해야 하나요? 말씀하시고 까먹은 것 같기도 한데….."

"글쎄, 그 후에 다른 말씀 없었나? 말씀 없더라도 보고해야 되지 않을
까?"

'상사는 결코 잊지 않는다. 궁금하지만 쉽게 묻지도 않는다. 기다리고

있을 뿐이다.'

오늘도 부장은 깊은 고민에 잠겼다.
'아, 이 사람들은 왜 아직도 진행 상황에 대해 아무런 말이 없는 거야. 내일 아침에 관련 건으로 사장님과 미팅 예정인데 무슨 가타부타 말이 있어야 할 것 아닌가? 지시를 내린 지가 언젠데.'

실무자들은 걱정이 태산이다.
'아이고, 부장님께서 지시한 지 시간이 좀 지났는데 어영부영하다 보니 아직도 끝내지 못했네. 완성되지 않은 것을 보고하자니 한소리 들을 것 같고, 완성될 때까지 뭉개자니 찜찜하고, 참 회사 생활 힘드네.'

회사원이라면 누구나 경험해 본 고민일 것이다.
'실무자는 관리자가 던져준 과제를 미주알고주알 보고해야 하나?'라는 고민이 있고, 관리자는 실무자에게 던져준 과제가 어떻게 진행되고 있는지 궁금한데 자꾸 물어보자니 쫌팽이처럼 실무자를 괴롭히는 것 같아 고민한다.

실무자와 관리자의 시간은 다르게 흐른다.
실무자는 맡은 업무가 많을 뿐만 아니라, 각 업무마다 손발을 움직이며 직접 뛰다 보니 항상 시간이 촉박하다. 수많은 고민 끝에 결과물을 내놓지만, 갈 길은 아직 멀다. 줄줄이 보고 단계를 거쳐야 하기 때문이다. 각 단계별로 관리자의 생각이 달라 수정이 반복되고, 몇 단계를 거치다 보면 결과물은 처음과 다르게 생소하게 느껴지기도 한다. 반면 관리자는 주로 전략을 세우고 방향을 설정하다 보니 상대적으로 시간적인 여유가 있는 편이다.

결과 보고 시간이 정해진 사안이라면, 관리자의 마음은 불안감으로 달아오른다. 실무자가 진행 상황에 대해 아무런 보고도 하지 않은 채 혼자 껴안고 있으면, 한편으로는 '어떻게 돼 가나?' 하는 궁금함이 생기고, 다른 한편으로는 '이러다 시간이나 맞출 수 있을까?' 하는 걱정이 점점 커진다.

그런데, 질질 끌던 보고서가 올라와 살펴보니, '아이쿠, 이렇게 허술한 보고서를, 방향도 제대로 잡지 못했네. 지시한 내용을 제대로 이해나 한 건가?'라는 생각에 속이 타들어 간다. 시간은 부족한데 처음부처 다시 고민해야 할 상황이다.

화를 내고 싶지만 강압적이라는 오해를 사서 노조에 신고될까 봐, 꾹 참으며 조심스럽게 말한다. '김 대리님. 그 보고서 파일을 내게 보내 줘요.' 그리고, 허겁지겁 보고서를 수정하기 시작한다. 그렇게 만든 보고서가 맘에 들 리 없지만 시간이 촉박하여 대충 정리해서 직속 상사의 책상 위에 올려둔다.

다른 회의를 마치고 돌아온 직속 상사는 책상 위에 올려져 있는 보고서를 쓰윽 훑어보고는 작성자와 중간 관리자를 불러 '이런 보고서를 어떻게 보스께 보고합니까? 내용도 내용이지만 앞뒤 문맥이 맞지 않잖아요. 표와 글이 서로 맞아 들어가야 이해하기 쉬운데, 이건 마치 암호 해독기라도 가져와야 할 지경이네요.'

보스에게 보고하기로 약속한 시간이 얼마 남지 않은 상황이라 이제부터 모든 사람들이 달려들어 함께 보고서를 작성해야 한다. 이때부터 실무자나 중간 관리자는 상사가 불러주는 대로 보고서를 타이핑하는 역할로 전락한다. 참 폼 나지 않는 상황이다. 실무자는 일을 해도 자긍심이나 뿌듯함을 느낄 수 없다.

하지만 여기가 끝이 아니다. 최종 보스를 통과해야 한다. 평소에 안경을 벗고 보고서 글자 하나하나를 들여다보며 각종 펜으로 줄을 긋고 수정하기를 좋아하는 최종 보스에게 누구도 선뜻 보고하고 싶어 하지 않는다. 이 눈치 저 눈치 보며 보스의 기분을 살핀 후, 이때다 싶은 타이밍을 잡아 마지못해 들어가게 되는 것이다.

왜 이런 일이 생겼을까? 상사의 지시가 부정확해서일까? 아니면 실무자의 중간 보고가 없어서일까? 사실 어느 한쪽의 잘못이라기보다, 쌍방향 소통이 제대로 이루어지지 않은 것이 가장 큰 원인일 것이다. 상사는 보고 일정을 정해 주는 등 명확하게 지시하고, 실무자는 수시로 진행 상황을 보고하여 지시된 방향으로 일을 하고 있는지 상호 점검해야 했다.

그러나 좀더 스마트하게 회사 생활을 하려면, 상사가 지시할 때 불확실한 부분이 있으면 실무자는 지시 내용을 재차 확인하여 명확히 한 후, 지속적으로 진행 상황을 보고함으로써 지시 내용이 제대로 반영되고 있는지 점검할 필요가 있다.

시시콜콜 보고하는 것은 자율성을 떨어뜨려 직원들의 창의적인 생각을 막아버릴 수 있다. 하지만, 진행되고 있는 대략적인 과정이라도 알려주지 않는 것은 나중에 더 힘든 결과를 만들 수 있다. 이러한 상황을 막기 위해서라도 처음 업무를 맡길 때 최종 결과만 보고하란 지시가 있거나, 사전 회의 등을 통해 자율적으로 업무처리 하는 것이 좋다는 협의가 있었다면 중간 보고 없이 최종 결과만 보고하면 되겠지만, 그렇지 않은 경우라면 수시로 진행 과정을 상사가 알 수 있도록 하는 것이 바람직하다.

보고 방법은 다양하게 할 수 있다. 보고 내용의 중요도나 상황에 따라 다르겠지만, 공식적인 서면 보고서가 아니라면 전화나 휴대폰 문자로 보고할 수 있고, 포스트잇과 같은 쪽지에 간략히 적어 보고하거나 비서가 있는 상사라면 비서에게 구두로 전달할 수도 있다. 어떤 형태로든 '이렇게 진행되고 있으니 '돈 워리~.'하라'는 의미인 것이다.

시간적 여유가 많은 상사뿐 아니라, 아무리 바쁜 상사라도 한번 던진 지시 사항은 누구보다 잘 기억하고 있다. 지시 후, 한동안 아무 말없이 지나가면 부하 직원들은 '아, 상사가 지시한 걸 잊었나 보다.'라고 착각 하기도 한다. 천만의 말씀이다. 상사는 한번 지시한 사항은 결코 잊지 않는다. 잠시 미루고 지켜볼 뿐이다. 어딘가에 메모해 두고 보고가 올 라오길 기다릴 뿐이다. '걸리기만 해라, 재미없다.'라는 마음이 아니라, 미주알고주알 관여하면 속 좁은 상사로 보여지고 폼 나지 않기에 인내 심을 가지고 기다리고 있는 것이다.

상사의 시간은 기다림의 연속이다. 그런 인고의 시간을 보내고 있는 데, 생각지도 못하게 빠른 시간 안에 '부장님, 드디어 공사장 첫 삽을 떴 습니다. 이제부터 시작해서 차질 없이 진행되면 언제쯤 마무리될 수 있 습니다.'라고 보고하면 그 보고자가 얼마나 이쁘게 보일까? 첫 보고 며 칠 후, '비가 많이 와서 삽질하기가 어렵고 사고 위험이 있습니다. 중대 재해처벌법도 있으니 비가 그친 후 작업을 다시 시작하는 것이 좋을 것 같습니다.'라고 수시 보고하면, '오~, 입사한 지 얼마 안 된 친구가 이런 생각까지 하면서 일하는구먼. 장래 촉망되는 친구야.'라며 우수한 직원 으로 상사의 머리 속에 각인된다. 그 후부터 회사 생활은 엄청 편해지 고 꽃 길을 달리고 있는 자신을 볼 것이다.

하지만, 보고와 담쌓은 직원이라면….
공사 첫 삽을 뜨고 비가 오고 눈이 와도 '나는 내 쪼대로 한다네~.' 라며 '알고 싶으면 니가 와서 보라'는 배짱을 가지고 있거나, 물어야 알려주는 직원이라면, 상사의 인내심은 곧 바닥이 나고 분노 게이지가 올라 오래지 않아 그 직원은 진흙탕 길에서 고난의 행군을 하게 될 것이다.

디지털 업무를 담당할 때였다. 그 시기에 가장 핫한 단어가 디지털이었고, 모든 회사들이 디지털화를 해야 한다고 주장하고 있었다. 우리 회사는 수년 전에 비해 디지털 조직의 규모가 매우 커져 있었다. 그것은 CEO의 강력한 의지 때문에 가능했다. CEO께서는 회사를 디지털화하는 것에 진심이셨고 많은 투자를 하고 계셨다. 모든 회의 석상에서도 항상 디지털이 화두였다.

디지털 업무를 담당하게 된 첫날, 직원들로부터 지난 한 해 동안 디지털 업무와 관련해서 얼마나 많은 일이 일어났는지 듣고 알게 되었다. CEO의 관심이 큰 만큼 직원들에게 요구하는 것이 많았지만, CEO가 요구하는 속도를 따라가지 못하고 있다는 생각에 직원들의 부담감은 매우 컸을 뿐만 아니라 사기는 바닥을 치고 있었다.

그런데 알고 보니 직원들은 이미 오래전부터 CEO의 의지에 맞춰 은행 디지털화와 관련하여 다양한 계획안을 열심히 준비해 왔고, 유익한 안들도 많이 쌓아두고 있었다. 하지만 여러 가지 이유로 CEO에게 하는 보고가 거의 중단된 상태였다. 직원들은 CEO가 얼마나 궁금해하는지 잘 알고 있었으나, 이미 완성된 계획안조차 보고를 미루며 마음 고생만

하고 있었다.

나는 직원들에게 '기획안이 유의미하게 잘 만들어져 있다'고 폭풍 칭찬을 하는 한편, '빨리 보고하는 게 좋겠다'고 말하며 반 강제로 보고하도록 시켰다. 직원들은 그동안 보고를 미루어오던 것을 부담스러워했는데, 등 떠밀려서라도 보고를 하니 오래 묵은 숙제를 끝낸 것 같다며 속 시원해했다. 비록 짧은 기간 동안 디지털 업무를 담당했지만 그때 CEO의 결정을 거쳐 시행된 내용들이 회사 디지털화의 기본적인 토대가 되었다는 얘기를 많이 들었다.

보고의 모든 책임을 직원들에게 돌리는 것은 바람직하지 않다. 보고를 받는 사람이 보고하는 사람을 어떤 태도로 대하는지도 중요하기 때문이다. 보고자와 보고 받는 자의 상호 존중하는 태도가 업무의 완성도를 높일 수 있다.

업무 실력이 꽝이 아니라면 보고만 잘해도 승진하는 데 문제없다. 보고의 생활화는 회사 생활의 꽃길과 연결되어 있다. 에라 모르겠다는 심정으로 어려운 사안부터 열심히 보고하자. 보고하지 않고 혼자 껴안고 있는 일의 책임은 모두 나의 것이지만, 보고하는 순간 책임 주체는 보고받은 자가 되고, 마음 또한 편해지니 얼마나 남는 장사인가?'

회사 생활을 시작하는 사람이라면 꼭 알아야 한다.

'상사는 지시한 일을 결코 잊지 않는다. 궁금하지만 그리 자주 묻지도 않는다. 기다릴 뿐이다. 틈날 때마다 진행 상황을 보고하는 직원과 알고 싶으면 니가 와서 알아보라고 배짱 부리는 직원의 미래는? 궁금하면 본인이 선택해서 해 보시라!'

"실무자는 지시 내용을 정확히 확인하고 지속적으로 진행상황을 보고하여 지시 내용이 제대로 반영되고 있는지 점검해야 한다."

2.

갑으로 살고 싶다면 대안을 만들자

"평범한 인생들은 노력하던 일이 뜻대로 되지 않으면 할 수 있는 것
이라곤 '될 때까지 하자는 허망한 끈질김, 빠른 포기, 자포자기, 절
망'과 같은 것뿐이지 않나?"

'어후, 열 받아.

갑자기 이런 문제가 생기면 어떡하나? 또 꼰대 상사에게 깨지게 생겼
네. 걱정이네, 방법은 없고….'

살다 보면 수없이 다양한 일들이 일어난다. 잘 풀릴 것 같던 일도 어
느 순간 헝클어진 실타래를 푸는 것처럼 어려워질 수 있고, 해결되지
않을 것 같은 어려운 문제도 어느 순간 가을 하늘 구름 걷히듯 쉽게 해
결될 수 있다.

회사 일을 하다 보면 업무가 매일 반복되는 듯 보이지만 끊임없이 새로운 일들이 일어난다. 지난번 했던 것처럼 하면 될 것 같은 것도 지금 상황에는 맞지 않거나, 갑자기 생뚱맞은 이슈가 발생하여 우리를 당황스럽게 할 수 있다. 시간은 없고 윗사람 눈치는 보이고 해결방법 또한 딱히 떠오르지 않는 당황스러운 상황이다. 이럴 때 직장인들은 회사 생활하기 어렵다며 한숨만 내쉬거나 잠 못 드는 밤을 보내곤 한다.

전사적인 경우 주로 연말 업무 계획을 만들 때 예상치 못한 긴급 사태가 발생할 경우를 대비해 위기 대응 계획을 만들어 놓는다. 좀 있어 보이는 표현으로 'Contingency Plan(컨틴전시 플랜)'이라 한다. 다소 형식적으로 보일 때도 있지만 비상 계획이 있고 없고의 차이는 매우 크다.

우리가 사는 인생도 별반 다르지 않다. 뜻대로 되는 것이 많지 않은 인생들 아닌가? 특히, 실력과 자존심, 그리고 건강한 몸 외에는 특별히 내세울 것이 없는, 소위 말하는 개구리, 붕어, 가재인 평범한 인생들은 노력하던 일이 뜻대로 되지 않으면 할 수 있는 것이라고는 '될 때까지 하자는 허망한 끈질김, 빠른 포기, 자포자기, 절망'과 같은 것뿐이지 않나? 어떻게든 뜻을 이루고 싶어 있지도 않은 인맥을 찾아 헤매다 보면 그럴듯한 모습을 한 사이비를 만나 낙심만 커질 뿐이다. 참 엿 같고 서글픈 인생이다.

어느 누가 살면서 남한테 싫은 소리를 듣고, 아쉬운 소리 하는 것을 좋아하겠는가? 누군가에게 '이것 좀 해주십쇼.'라고 부탁하는 쭈글쭈글한 인생보다 '그래, 내가 해 줄게.'라고 부탁을 들어주는 폼 나는 인생을 살고 싶은 것이 인지상정 아니겠나? 그러려면 힘을 가져야 한다. 그런데, 우리 같은 평범한 사람들은 그런 힘을 어떻게 가질 수 있을까?

그것은, '어떤 일을 할 때 가능하면 많은 대안을 갖는 것.'이라 생각한다. 대안이 하나면 그 하나만큼 자신감이 생기고, 여러 개면 그만큼, 아니 그보다 훨씬 큰 힘과 자신감으로 일을 해 나갈 수 있다. 마치 독점 시장에서의 소비자 지위와 무한 경쟁 시장에서의 소비자 지위를 비교하는 것과 같다. 회사와 관련된 일이든 아니면 개인적인 일이든, 어떤 일을 할 때 항상 대안을 만들면 좋겠다. 일뿐만 아니라 인맥도 마찬가지다. 이런 말을 하는 나 자신도 갑자기 현타가 오며 우울 해진다.

얼마전 잘 아는 사람이 대출과 관련해서 많이 힘들어 했다. 금융회사에서 몇 해 동안 사용해 오던 대출이 있었는데, 사업 규모 확장을 위해 다른 사업장을 찾고 있었기 때문에 몇 개월 전부터 기존 사업을 휴업처리한 상황이었다. 냉정한 금융회사는 해결책을 찾아주기보다 더 이상 대출 연장이 안된다는 것을 강조할 뿐이었다.

물론, 회사원이 규정대로 일하는 것을 뭐라고 말할 수는 없다. 오히려 당연히 그렇게 해야 한다고 강조하고, 칭찬해줘야 한다. 하지만, 은행을 믿고 사업을 하는 사람에게 기존 대출을 무조건 상환해야 한다는 말만 할 것이 아니라, 지금 계획하고 있는 사업이 재개되면 어떻게 자금을 활용할 수 있도록 해 줄 것인지에 대한 대안을 마련해 주거나, 방법을 알려주는 모습을 보여줘야 하지 않을까? 절박한 사업자에게 배려심이라고는 전혀 없는 은행원의 모습이었다. 물론 그렇지 않은 은행원이 훨씬 많지만, 막상 그런 상황에 부닥치고 보니 참 별로라는 생각이 들었다.

요즘에는 많이 변했지만 과거 사업을 하시는 분들은 한번 거래한 은행과 끝까지 인연을 맺고 싶어 하는데, 그 회사 또한 가능하면 지금 거래하는 은행과의 관계를 지속하고 싶어 했다. 하지만, 이처럼 힘든 일이 생기자 고민한 끝에 그 은행이 아닌 대안 은행을 찾아보기로 했다. 인정에 호소하고 부탁하는 것이 효과가 있을지도 의문이었지만 자존심이 꽤나 상해버렸기 때문이다. 바쁘게 여기저기 알아 본지 하루도 되지 않아 그 은행보다 훨씬 좋은 조건을 제시하는 은행을 찾을 수 있었다.

대안을 찾아주는 유연성조차 없이 오로지 규정에만 목매는 은행원의 모습을 보며, 이번과 같이 대안이 될 만한 은행이 없었다면 절박한 사업자는 굽히고 또 굽히며 얼마나 비참했을까?'라고 생각하니 온몸에 전율이 흘렀다.

회사 업무도 예외는 아니다. 목표를 세울 때나, 목표 달성을 위한 영업 타깃을 설정할 때도 여러 가지 안을 마련해 두는 것이 좋다. 회사에서 기획하는 모든 일 역시 다양한 대안들로 채워져야 한다. 모든 일이

뜻한 대로 되지 않을 수 있음을 염두에 두고, 비상 계획을 세우는 습관을 가지는 것이 바람직하다.

어떤 기획안을 들고 CEO에게 보고하러 가면 긴장 백배가 된다. 수많은 연습 결과 매끄럽게 보고했다고 한숨 돌리는 순간 CEO의 예리한 질문을 받는다. '요즘 세계경제 상황을 봤을 때 원자재 수급에 상당한 문제가 발생할 여지가 있는데 우리 사업은 영향은 없나? 그 대책은 세워져 있나요?' 뭐 세계 경제까지 언급할 필요도 없다. '특정 부품 공급에 문제가 생기면 어떤 대책이 있나?', '마켓 셰어를 높이기 위해 현재 이런 노력을 하고 있고 향후에는 저런 계획을 가지고 있다고 들었는데 그런 방법이 효과가 없을 땐 어떻게 할 계획인가?', '급격한 소비 감소로 자영업자들의 사업이 어려워지고 있고, 결과적으로 자금 사정이 어려워질 것이 뻔한데 공적 기능을 담당하는 우리 회사는 어떤 역할을 할 계획인가?'와 같은 평소에 생각하고 있음직한 질문을 할 수도 있다.

다행히 쉽게 답할 수 있는 것이라면 웃으면서 하루를 보낼 수 있겠지만, 어디 그게 쉬운 일인가? 평소에 준비하지 않은 질문이라 '아, 네에~, 대책을 마련해서 별도 보고하겠습니다.'라고 말씀드리고 나오면 왠지 준비성도 없고 일을 제대로 못하는 직원으로 찍힐 것 같은 느낌이 든다. 결국, 찜찜한 기분으로 하루를 정신없이 보내야 할 것이다.

'폼 나는 인생을 살고 싶은가? 많은 대안을 만들어라.

슈퍼 갑으로 살고 싶은가? 수없이 많은 대안을 만들어라.

너 아니라도, 이런 방법이 아니라도 할 수 있다는 것을 보여줘라.

설령 보여주지 않더라도 많은 대안을 움켜쥐고 있어라.

아무리 사소한 대안일지라도 그것은 힘이고 능력이 될 것이다.'

"대안이 하나면 그 하나만큼, 여러 개면 그만큼, 아니 그것보다 훨씬 큰
힘과 자신감으로 일할 수 있다."

3.

메모하는 습관이 멋진 미래를 만든다

*"멋진 생각은 눈을 뜨고 펜과 노트를 찾는 순간에도 날아갈 수 있다.
이 순간을 놓치면 멋진 생각은 심연에 영원히 간혀 버리고 만다."*

*"매사 적고 기록하자. 나에게 평화로운 세상을 보여 줄 뿐만 아니라,
가끔씩은 멋지고 아름다운 미래를 선물해 주기도 할 것이다."*

어느 날, 직장 상사에게 불려 갔다.

'김 과장, 이번에 결재 올린 마케팅 계획서를 봤는데 내가 계획안에
포함시키라고 지시한 내용이 전혀 포함되지 않았던데 이유가 뭔가?'

'네? 뭐 말입니까? 부장님께서 지시하신 내용은 전부 포함해서 작성
했는데요.'

김 과장이 화들짝 놀라며 대답하자, 부장은 무표정하고 짜증 섞인 말투로 말한다. '내가 신규 고객 유치에만 집중하지 말고, 기존 고객을 붙잡아 두는 방안도 넣으라고 하지 않았나?'

그제서야 부장님께서 그날 강조하며 지시하신 내용이 머리를 스치고 지나간다. '아이고, X됐다.'

자주 있는 일은 아니지만 가끔씩 나는 이런 사고를 친다.

또 후회가 밀려온다.

나는 왜 이럴까?

국민학교에 입학하자 선생님께서 일기 쓰기 숙제를 주셨다. 매일 있었던 일을 일기장에 적어 오면 일주일에 한 번씩 선생님께서 일기장 검사를 하셨는데, 하루하루가 비슷한 일과인데 매일 일기를 적는다는 것은 여간 귀찮은 일이 아니었다.

처음 얼마 동안은 약간의 정성을 기울여 있는 것 없는 것 다 동원하여 일기장을 채우려고 노력했다.

'0000년 00월00일(0요일). 날씨 맑음.

오늘은 00시에 일어났다. 학교에서 옆 짝과 다투다가 선생님께 혼났다. 책상에 그어 놓은 선을 옆 짝 여자애가 넘어와서 싸웠는데 나만 혼났다. 선생님이 부모님께 알릴까 봐 무서웠다. 학교 마치고 집에 와서 소에게 풀 먹이러 들에 갔다. 소를 들판에 풀어 두고 친구들과 놀고 있는 사이에 소가 어디로 갔는지 보이지 않아 울며 찾아다녔다. 그래도 찾을 수가 없어 할매한테 말씀드리러 집에 왔는데 소가 벌써 집에 와서 마구간에서 여물을 먹고 있었다. 소를 잘못 봤다고 할매한테 뒈지게 혼났다. 끝.'

하지만, 그런 정성이 얼마 가랴. 매일 하는 일이라곤 학교 갔다 와서 소 풀 먹이며 친구랑 놀고, 집에 와서 밥 먹고 잠자는 것이 전부인데. 하루 종일 밖에서 뛰어놀다 잠들 때쯤이나 다음날 학교 갈 때가 되어서야 일기 쓰기 숙제가 있다는 걸 떠올린다. 갑자기 현타가 오기 시작한다.

일기 쓰기 숙제를 해 가지 않으면 선생님의 불호령은 당연하고 심하면 손바닥을 맞을 수도 있었기 때문이다.
'아, 어떡하지?'
엄청난 걱정과 두려움에 번뜩이는 아이디어는 '어제와 같음, 어제와 같음.'이었다. 여름 방학 숙제는 이런 문구가 일기장을 가득 채웠다. 그 결과는 뻔하다.

사람의 일상이란 것이 어제와 별반 다르지 않기 때문에 매일 뭔가를 적는다는 것은 쉽지 않다. 하지만 아무리 비슷하게 보낸 날이라도 자세히 들여다보면 어제와 완전히 같은 날은 많지 않다. 같은 일을 해도 시간과 상황이 다르기에 조금씩 차이가 생기기 마련이다.

회사 생활도 마찬가지다. 겉보기에는 비슷한 일들이 반복되고 있는 것 같이 보이지만, 매일 엄청난 변화가 연속적으로 일어나는 곳이 회사이다. 이렇게 변화무쌍하게 발생하는 일들을 기억에만 의존해서 일하는 것은 필연적으로 많은 실수를 유발하여 자신의 신뢰를 떨어뜨린다. 이런 불안한 회사 생활을 보완해 줄 수 있는 것이 메모하는 습관이다.

오랜 경험을 통해 그러한 것을 알고 있는지, 웬만한 회사는 메모용 수첩을 만들어 직원에게 나누어 준다. 열심히 기록하라는 의도가 아닐까? 설령 기록하지 않더라도 각종 회의나 상사 또는 고객을 만나러 갈 때, 빈손으로 가는 것보다 이런 수첩이라도 들고 가면 손이 허전하지도 않고 뭔가 준비된 회사원이란 느낌을 줄 수 있다.

어느 날, 중요 회의에 깜빡하고 수첩을 가지고 가지 않았다. 회사의 현황과 관련하여 대장님께서 심각한 얼굴을 하며 말씀을 하셨다. '에, 지금 회사의 상황은 비상입니다. 비상. 비상사태란 말입니다.' 회의에 참석한 분들은 눈치 빠른 고단수 분들이라 모두들 틈틈이 고개를 끄덕이면서 대장님의 말씀을 하나라도 놓일 새라 열심히 수첩에 받아 적고 있었다. 회사 생활을 조금만 해도 알겠지만 상사가 지루하게 일장 훈시할 때 가장 좋은 방법은 메모지에 자기가 좋아하는 그림이나 낙서를 열심히 긁적이는 모습이라도 보여주는 것이다. 가끔씩 고개를 끄덕이는 것은 필수다.

하지만, 수첩뿐만 아니라 펜조차 깜빡 잊고 가져가지 않은 나는 멍하니 앉아 있을 수밖에 없었다. 옆 직원에게 펜을 빌려 볼까 했지만 불행히도 여분을 가지고 있지 않았다. 펜이라도 있었으면 다른 직원에게 수첩 한 장을 찢어 달라고 하여 긁적거리는 시늉이라도 했을 텐데…. 그 민망함은 이루 말할 수 없었다. 그렇다고 고개만 끄덕이는 것도 참 볼품없는 모습이었을 것이다.

'사람은 생각하는 동물이다.'라고 한다. 다른 동물을 개무시하는 매우 이기적인 문장 같지만, 끊임없이 생각하는 동물이 사람인 것만은 틀림없는 것 같다. 그냥 가만히 있질 못한다. 생각을 너무 진지하게 시도 때도 없이 하다가 불면증에 시달리는 사람도 많다.

그러한 생각들 중 많은 것들은 평범한 일상과 관련이 있다. 그런데, 평범한 일상과 관련이 있다고 해서 무시하고 넘겨버리는 것은 어리석은 짓이다. 일상적인 생각 속에 번뜩이는 아이디어가 떠오를 수 있기 때문이다. 이런 번뜩이는 아이디어는 우리의 미래에 큰 변화를 줄 수 있는 것도 있다. 이때 절실히 필요한 것이 메모다.

나의 경험으로는 가장 번뜩이는 멋진 생각은, 화장실에서 깊은 시름을 순간적인 외침과 함께 돌아오지 못할 곳으로 보낼 때나, 잠이 들기 전 깊고 깊은 생각의 바다에 빠져 이 생각 저 생각을 하며 허우적댈 때 많이 난다. 이 순간을 놓치면 잠깐 스쳐 지나가는 멋진 생각은 다시는 햇빛을 볼 수 없는 심연에 영원히 갇혀 버리고 만다.

아무리 세상을 바꿀 수 있는 멋진 아이디어도 기록하지 않고 머릿속에만 남겨두면 옷깃을 스치고 지나가는 봄바람과 다를 게 없다. 이때 귀찮음을 떨쳐내고 기록해야 한다. 잠 깰까 봐 걱정하지 말고 과감히 눈을 뜨고 기록해야 한다. 멋진 생각은 눈을 뜨고 펜과 노트를 찾는 순간에도 날아갈 수 있다. 그런 때를 대비해서라도 항시 적는 버릇을 가지면 좋겠다.

다행히, 요즘은 펜으로 글을 쓰지 않더라도 메모할 수 있는 다양한 방법들이 있다. 특히 핸드폰의 메모 기능은 매우 유용하다. 언제 어디서든 사용할 수 있는 기록 수단이다. 이를 잘 활용한다면 흘러가는 강물을 댐 속에 저장하듯 메모장 속에 멋진 생각들을 기록하여 언제든 펼쳐보며 활용할 수 있다.

성공을 이룬 많은 사람들은 이와 같이 잠깐 스쳐 지나가는 생각들을 메모한 자신의 영웅담을 들려주곤 한다. 그런 영웅담을 들을 때면 '나도 이제부터 적는 것을 생활화해야지.'라고 각오를 한다. 물론 그때뿐이지만….

'어제와 같음.'을 수만 번 반복해 온 인생을 살아왔어도 좋다.
지금 부터라도 적는 습관을 기르자.
일단 적고 나서 다시 보다 보면 더 좋은 생각들이 쌓일 수 있다. 그 생각들을 공유하고 의견을 나누다 보면 정말로 세상을 바꿀 수 있을지 누가 알겠는가?

적자생존이다. 적는 자만이 살아 남는다.
특히, 인정받는 회사원이 되려면 반드시 기억하자.
'적.자.생.존.'

"불안한 회사 생활을 보완해 줄 수 있는 것이 메모하는 습관이다."

4.

다양한 생각을 내 것으로 만들자

"다양한 생각들을 끌어내어 활용하겠다고 생각하는 풋내기 회사원
은 나의 스승처럼 느껴졌다."

'세상일 니 혼자 다하니?'라고 말하는 사람들이 있다.
마치 '니 잘났다.'라고 놀리는 것 같다.

세상을 획기적으로 변화시키는 것은 한 명의 천재일 수 있다. 하지만
하루하루 더 나은 모습으로 변화시키고 이러한 변화를 통해 세상을 오
래오래 지속시켜 나가게 하는 것은 다양한 사람들의 의견을 스펀지처
럼 흡수하여 비빔밥처럼 섞고 또 섞어 활용하는 것이다.

회사원이 된다는 것은 그 회사 설립 이념에 맞게 설정된 다양한 목표를 동료 회사원들과 함께 이루어 나간다는 의미다. 어떤 목표는 전사적으로 매달려야 이룰 수 있고 어떤 목표는 부서나 팀단위로 노력해야 이룰 수 있다. 큰 목표든 작은 목표든 동료들과 함께 노력해야 성공할 수 있는 것이다.

하지만, 회사 생활을 하다 보면 몇몇 동료들은 자기 혼자만의 힘으로 직면한 문제들을 해결할 수 있다고 생각하여 많은 시간을 끙끙거리며 보낸다. 이런 사람들은 본인이 맡은 업무에 대해 누가 끼어들어 의견을 제시하기라도 하면 매우 어색해하거나 거부감을 나타낸다.

회사에서 다루는 다양한 이슈들은 오랫동안 같은 회사에 몸담고 있는 사람이라면 매우 익숙하게 느껴질 수 있다. 지난번 고민했던 그 방안이 문제를 푸는 열쇠처럼 생각된다. 하지만 경험 많고 혁신적인 베테랑 선임들은 모든 문제의 답은 과거의 그 답이 아니란 것을 잘 안다. 왜냐하면, 회사의 상황은 시시각각 변하며, 문제의 성격도 상황의 미세한 차이에 따라 달라지기 때문이다.

아무리 해결하기 쉬워 보이는 단순한 이슈라도 다양한 상황을 고려해 봐야 한다. 그래서 필요한 것이 수많은 의견을 모아 활용하는 것이다. 내가 깊이 고민한 것에 다른 동료들의 의견을 열린 마음으로 함께 엮어 생각할 수 있다면 혼자 생각하는 것보다 더 나은 결론을 만들 수 있을 것이다. "백지장도 맞들면 낫다."라는 옛말도 있다. 정말 맞는 말이다. 모든 일이 단순했던 옛날에도 협동의 중요성을 말해 왔는데, 하물며 복잡해도 너무 복잡한 지금에야 협동의 중요성을 말해 무엇 할까?

우리는 가끔씩 번뜩이는 아이디어와 탁월한 기획력으로 인정받는 사람들을 볼 수 있다. 그럴 때면, '나도 저런 능력을 가졌으면 얼마나 좋을까?'라며 부러워한다. 그런 능력자들이 회사를 몇 단계씩 성장시키는 것은 분명한 사실이다. 하지만, 지금의 세상은 너무나 빠른 속도로 바뀌고 있다. 엄청나게 많은 다양한 지식들이 눈을 깜빡이는 순간에도 쌓이고 있다. 매일매일 수많은 보고서를 읽고 공부한다고 해도 다양한 곳에서 소리 없이 생겨나는 새로운 지식을 한사람이 모두 알기에는 불가능 한 것이다. 아무리 탁월한 아이디어와 기획력을 가지고 있다해도 그러한 능력을 부러워하는 평범한 동료가 도와주지 않는다면 한 걸음도 앞으로 나갈 수 없다.

밥을 맛있게 짓는 사람만으로는 진수성찬을 만들 수 없다. 김치나 깍두기를 기막히게 만드는 사람, 된장찌개를 맛깔 나게 끓이는 사람, 잡채나 두부요리를 잘하는 사람 등 많은 사람들의 생각과 실력들이 한군데 모여야 진정한 진수성찬이 된다.

나는 이런 다양한 생각들을 받아들이고 활용하기 위해 노력하는 풋내기 회사원과 근무한 행운을 가진 적이 있다. 지역본부장으로 발령받

125

고 얼마 지나지 않았을 때였다. 성격이 원만한 직원들을 모아둔 곳이라서 그런지 어린 행원부터 팀장까지 스스럼없이 웃고 떠들며 일하는 분위기였다. 사무실에는 입사한 지 불과 몇 년이 채 되지 않은 풋내기 직원이 있었다. 어느 날 직원들과 떡볶이 파티를 하는데 그 직원이 말한다. "이번에 지역본부에서 주관한 직급별 회의는 매우 효과적이었던 것 같습니다. 여러 사람의 생각을 모아보니 많은 문제를 해결하는 것은 물론, 여러 가지 좋은 발전 방안들도 만들 수 있었습니다." 어린 직원이 그렇게 말하자 이구동성으로 그렇다고 맞장구를 쳤다.

처음엔 무슨 얘기인지 몰라 멀뚱거리고 있으니 책임자가 된 지 얼마 되지 않은 과장이 덧붙여 말한다. 우리 지역본부가 담당하는 지점이 약 30개, 직원이 400여 명인데, 한 곳에 모여 있는 것이 아니라 광범위하게 흩어져 있다 보니 직원들의 생각을 아는 것이 어려웠다. 그래서 오래전부터 지역본부 직원들이 정기적으로 지점 직원들을 만나 구석구석 숨겨진 분위기를 들으려고 노력하고 있었지만, 대부분의 직원들은 깊은 속마음은 숨긴 채 좋은 말만 하는 것 같았다.

지역본부 입장에서는 그냥 사무실에 있는 것보다 유익한 정보를 취득할 수 있는 최소한의 방법이었기에 지금까지 현장 방문을 통한 상담을 지속적으로 해오고 있었다. 이러한 노력 덕분인지 지점에는 전혀 문제가 없는 것처럼 보였다. 그런데, 최근 이런저런 문제로 힘들어하는 직원들의 하소연이 접수되는 것을 볼 때 아무래도 자신들이 파악하지 못하고 있는 문제들이 많이 있는 듯했다. 그래서 지역본부 직급별 담당자가 여러 지점에 있는 동일 직급 직원들을 몇 차례씩 불러 모아 의견을 들어보았는데 그 효과가 매우 컸다는 것을 말하는 것이라고 했다.

그러자 그 어린 직원이 다시 말했다. 아마, 회의에 함께한 사람들이 같은 직급이다 보니, 자신을 충분히 이해해 줄 거라는 생각에 마음이 편해져서 생각을 자유롭게 드러낸 것 같다. 특히, 같은 직급이라도 말이 유창한 사람과 어눌한 사람이 함께 있으면 유창한 사람만 의견을 낼 수 있어, 같은 직급에서도 여러 차례로 나누어 회의를 했다. 회의 시에는 지역본부 직원도 참석은 하지만 회의 목적만을 설명하고, 토의에는 개입하지 않은 채 회의 내용을 기록만 했는데, 이러한 방식이 직원들을 편하게 만든 것 같았다. 그 결과, 직원들이 평소에 느껴왔던 소소한 의견부터 지점 발전 방향과 같은 예상치 못한 아이디어까지 다양하게 나와서 많이 놀랐다. 여러 사람의 생각을 한데 모으면 얼마나 큰 효과를 낼 수 있는지를 경험한 순간이었다.

참 대견하다. 회사에 적응하기도 바쁜 시기임에도 직원들의 다양한 생각을 끌어내기 위해 동질감을 느끼는 분위기를 만들어 준다는 것부터, 여러 직원들의 마음속에 감춰진 다양한 생각들을 받아들여 활용하겠다는 생각까지 너무나 성숙된 회사원의 모습을 보여준 풋내기 회사원이 나의 스승처럼 느껴졌다.

나이가 들수록 옳고 그름을 떠나 생각의 유연성은 점점 굳어져 자신의 생각에 끼어드는 그 어떤 유익한 의견도 이물질처럼 치부된다. 마치 단단한 화강암 속에 자신을 가둬버리고 자신이 경험하고 생각하는 것이 전부인 양, 앞으로 나가지도 못한 채, 자기 사고의 주변을 맴돌며 발전 없이 살게 되는 것이다. 자신의 주변에는 수없이 많은 쓸모 있는 다양한 생각들이 넘쳐나고 있는데….

나의 확고한 생각에 다른 사람의 사소한 듯 보이는 의견이라도 받아들이는 연습을 하자. 마치 스펀지가 물을 흡수하듯, 받아들이고 활용하는 자세로 회사 생활을 해보자. 아마 많은 거부감이 무의식적으로 다른 의견들을 끊임없이 밀어내고 있는 자신을 발견할 것이다. 이러한 거부감은 지속적인 훈련과 노력이 있어야 극복할 수 있다.

몸에 익숙하지 않은 회사생활에 적응하려 노력하는 새내기 시절부터 동료와 함께 고민하고, 아무리 사소하게 느껴지는 의견들도 스펀지처럼 받아들이는 연습을 하자. 어느 순간, 여러 단계 성장해 있는 자신을 발견할 것이다.

"아무리 사소해 보이는 의견이라도 적극적으로 받아들이고 활용하자."

5.

비우고 채우는 스마트 워크

"변화를 위해 노력하지 않으면 무엇이든 시간이 지남에 따라 먼지가
퀴퀴하게 쌓인 창고와 같이 바뀐다."

'이게 최선입니까?'

드라마 대사에 자주 사용될 법한 말이다.

이 말을 듣는 순간 왠지 일을 제대로 하지 못해 혼나는 느낌을 받을
수 있다. 만약, 직상 상사가 기획안을 보고하러 온 직원에게 이런 말을
했다며 그 직원은 하루 종일 찜찜한 시간을 보내야 할 듯하다 물론 맘
속으론 '그래, 최선이다. 니가 한번 해 봐라.'라고 생각하며 불만이 가득
찰 수 있겠지만, 할 수 있는 것은 아무것도 없다.

회사 생활을 하다 보면, 이렇게 자극적인 표현을 하는 상사를 만나는 복을 가진 사람도 많지는 않을 것이다. 아마 일반적인 상사라면 '그런 생각도 괜찮은 것 같지만 너무 진부한 느낌이 드네, 좀 더 좋은 방법은 없을까? 조금만 더 같이 생각 해 봅시다.'라며 부하직원을 배려하면서 새로운 방법을 찾고자 할 것이다.

사람의 생각은 대게 각자가 경험하거나 공부를 통해 얻은 지식의 범위를 벗어나기 어려운 것 같다. 그래서 변화에 대해 먼저 생각하지도, 쉽게 받아들이지도 못하며, 어떤 상황에서도 변하지 않는 태도를 보이는 경우가 많다. 이렇게 변화에 둔감하면 시간이 갈수록 모든 것이 차곡차곡 쌓인다. 마치, 창고에 널브러져 있는, 오랫동안 사용하지 않은 낡고 녹슨 기구 위에, 조금 덜 더러운 기구를 올리고, 또 그 위에 갓 사온 새로운 기구들을 차곡차곡 쌓아 올려 새것인 양 뽐내는 것과 같다. 하지만, 결국 어느 누구도 무엇을 쌓아 놓은지 모르게 되고 그 무게에 고통을 받는다.

우리는 이사를 하거나 봄맞이 대청소를 할 때 구석구석 박혀 있는 물건들을 모두 꺼내 정리한다. 그럴 때면 철 지난 옷이나 가전제품들이 끝없이 쏟아져 나온다. 언제 샀는지도 모를 유물 같은 물건들을 보면서, 왜 집이 좁을 수밖에 없었는지, 그런 집에서 여러 식구들이 몸을 부딪히며 불편하게 살아온 이유를 깨닫곤 한다. 하지만, 물건을 버리려고 하면 '그런 물건도 쓸데가 있다.'는 아내의 강력한 외침과 함께 그 유물은 다시 은밀한 곳으로 들어가 버린다. 아마 다음 이사 때나 대청소때 우연히 다시 볼 수 있을 것이다. 이러한 것은 우리 주변 어디서나 볼 수 있는 평범한 모습이다.

체계적인 기준에 따라 움직일 것 같은 회사도 별반 다를 바 없다. 그때는 필요했던 제도들이 더 이상 효용을 잃었음에도 수많은 선임자들의 손을 거치며 덧대어져, 보물처럼 소중하게 간직된 채 남아 있다. 또 한편, 비슷비슷한 제도들이 새로운 것인 양 여기저기 자랑하듯 뽐내고 있다.

대부분의 회사원들은 새로운 것을 만들어야 인정받을 수 있다고 생각한다. 그러다 보니 약간의 모양만 바꿔 새롭게 포장하는 데 몰두한다. 그 결과, 회사는 너무나 많은 제도와 상품들로 넘쳐나게 되고, 비슷한 것들이 너무 많아 담당하는 직원조차 무엇이 있는지, 왜 만들어졌는지 제대로 알지 못하는 경우가 많다. 그 양이 한계를 넘었기 때문이다.

이런 문제를 해결하기 위해 일부 회사는 '일몰제'를 도입하기도 한다. 매우 잘한 처사라 생각한다. 어쩌면, '이게 최선입니까?'라는 상사의 정 없고 메마른 외침은 변하지 않는 태도를 조금이나마 깨트릴 수 있는 외로운 몸부림일지도 모른다.

수시로 혁신을 위해 노력해야 한다. 혁신은 거창한 것이 아니다. '묵은 조직이나 제도·풍습·방식 등을 바꾸어 새롭게 하는 일.'이란 사전적 의미가 있다. 지금 그럴 듯한 모습으로 자리를 차지하고 있는 것들에 대해 '왜 그 자리에 있어야 하지? 바꿀 수는 없을까?'라는 생각을 해 보자. 그 결과, 비워진 빈자리에 시대와 상황에 맞는 것들로 채워 넣어 보자. 다만, 알아야 할 것은, 지금 있는 것들을 그대로 둔 채 뭔가를 만들어 끊임없이 채워 넣는다면 시간이 흐름에 따라 넝마들로 가득 찬 창고가 될 수 있다는 것이다. 꼭 기억하자.

몽골 대제국을 세운 칭기즈 칸이 그의 책사 야율초재에게 '개혁을 할 수 있는 가장 좋은 방법'을 묻자 야율초재가 이런 말을 했다고 한다.
"여일리불약제일해(與一利不若除一害)
생일사불약멸일사(生一事不若滅一事)"
"하나의 이익을 얻는 것은 하나의 해를 없애는 것만 못하고,
하나의 일을 만드는 것은 하나의 일을 없애는 것만 못하다."라는 의미다.

'비워야 채워진다.'

"무슨 일을 하든, '왜 그것이 그 자리에 있어야 하지? 바꿀 수는 없을까?'라는 생각을 해 보자."

6.

똑똑한, 진상 고객 대처법

"고객은 왕이 아니다!"

불특정 다수의 고객을 상대하는 일을 하는 회사원들은 고객들의 말 같지도 않은 요구나 과도한 주장 때문에 힘들어 하는 경우가 많다. 특히, 정신 노동자들의 고충은 상상을 초월한다.

90년대까지 대출을 받고자 은행을 찾아오는 사업자나 개인은 은행 직원들에 비해 완전한 을의 위치에 있었다. 그때는 대출만 받을 수 있다면 어디든 돈을 굴려 대출이자보다 더 많은 수익을 낼 수 있는 기회가 많은 시절이었기 때문에 돈이 필요한 기업 대표자들은 은행 직원에게 수퍼 을이 될 수밖에 없었다. 2000년대로 들어서면서 고객과 은행원의 관계에 변화가 생기기 시작했다.

시간이 갈수록 우리나라 제조, 건설 등 모든 분야의 경제가 톱니바퀴가 물려 돌아가듯 시스템화 되고 있었고, 이런 시스템화 된 시대에는 대출을 받아 돈을 굴려도 과거처럼 수익이 나지 않아 점점 투자 수요가 줄어들 수밖에 없었다. 많은 은행들은 돈이 필요한 우량 기업에 돈을 빌려주기 위해 무한 경쟁을 시작했다. 모든 은행들은 괜찮다 싶은 기업들을 찾아가서 대출을 권유했고, 다른 은행에 있는 대출을 빼앗아 오는 데 혈안이 되었다.

자연스럽게 은행 거래자들의 위치가 '을'에서 '갑'으로 바뀌어 갔고 '고객은 왕이다.'라는 구호로 시작하여 '고객은 황제다.', '고객의 말씀은 언제나 지당하시다.'라는 인식이 자리를 잡기 시작했다.
'고객은 왕이다.'라는 구호대로 은행원들의 마음 가짐도 바뀌었다. 이러한 분위기를 간파한 몇몇 거래자들은 은행 직원들을 쉽게 생각하고 함부로 대하기 시작했다.

누가 '고객은 왕이다.'라는 구호를 만들었는지 알 수는 없지만 고객을 상대해야 하는 노동자 입장에서는 참으로 마음에 들지 않는 고단한 구호다. 고객은 왕이 아니라 우리가 최선을 다해 돈을 벌게 해주고, 회사와 관련하여 힘든 일이 있으면 해결되도록 노력해 주는 거래 대상일 뿐, 감정의 쓰레기를 청소해 줄 의무는 없는데 말이다.

사회 전반적인 현상이긴 하지만 일단 떼를 쓰면 해결된다는 사고가 만연하게 되었고 적지 않는 진상 고객이 아무리 개진상 짓을 해도 '왕'으로 대해야 했다. 어쩌다 고객과 마찰이라도 생기면 은행 직원들은 내외부의 곱지 않은 시선에 힘들어 해야 했다.(은행직원들은 진상 고객 때문에 힘들 때면 스트레스 풀 겸 다른 은행가서 큰소리 좀 치고 올까 라는 농담을 하곤 했다.)

이렇게 힘들어하는 직원을 최악으로 고통스럽게 하는 것은 회사 생활이나 삶에 대한 자기만의 철학이라곤 없는 진상 책임자이다.

창구에서 진상 거래자에게 시달리고 있는 직원에게 진상 거래자가 보는 앞에서 '왜 그렇게 처리했냐?'고 윽박지르는 책임자가 그런 사람인데, 본인은 '고객은 왕이다.'를 충실히 실천한다고 생각하지만, 참으로 무식하고 쓸개 빠진 놈이다. 진상 거래자 위에 최악의 진상 책임자가 있는 것이다.

반면에 어떤 책임자는 진상 고객을 별도 방으로 불러 조용히 달래기도 하고 간단한 요구 사항이면 들어주는 등 직원과 진상 고객 사이에서 중재 역할을 적절하게 하여 힘들게 일하는 회사원을 편하게 해준다.

이렇게 대응 방식이 차이나는 이유는 뭘까?

나는 '원칙과 당당함'을 가지고 있는 것과 없는 것의 차이라고 생각한다.

회사 생활을 어떻게 할 것인지에 대한 자기만의 철학이 없고, 어린 시절부터 배워 온 '고객은 왕이다.'라는 의미를 잘못 해석하거나 배려심과 비굴함을 제대로 정의하지 못한 결과가 아닐까 생각한다.

영업점에서 근무할 때였다.

지점을 거래하는 기업체가 많다 보니 기업체별 담당자를 지정하여 관리했다. 그 지점에는 항상 웃고 인사성이 밝은 새내기 직원이 있었는데, 그 직원에게도 몇 개의 거래처가 할당되었다. 그런데 새내기 직원에게 할당된 기업 중 가끔씩 진상 짓을 하는 기업이 포함되어 있었다.

아니나 다를까, 어느 날 진상 고객이 창구에 와서 큰소리로 뭔가를 해내 놓으라고 어린 새내기 직원에게 소리치고 있었다. 하지만, 새내기 직원은 조금도 동요하지 않은 채 소리치는 진상 고객을 덤덤하게 바라보고 있었다. 그 광경이 재미있어 들키지 않게 지켜보며 들어보니, 대출을 본인이 원하는 만큼 해 달라는 것이었다. 그 진상 고객의 목소리가 너무 커서 우리 직원뿐만 아니라 객장에 있는 고객들이 소리나는 쪽을 보고 있었다.

'실제로 필요한 금액이 ○○인데 왜 다 안 해주느냐?
내가 이 은행과 거래한 기간이 얼마인데 안 해주는 게 말이 되냐?
당장 해달라. 어쩌고 저쩌고…'
한참을 쏘아붙이던 진상 고객이 다소 잠잠해지자 그제서야 새내기 직원이 몇 장의 자료를 펼치더니 차근차근 말하기 시작했다.

말하는 중간중간에 진상 고객이 큰소리 칠 때면 잠시 바라보다가 말을 이어가곤 했는데, 그 모습이 경험 많은 엄마가 떼쓰는 아이를 달래는 모습과 같았다. 그렇게 소리치는 진상 고객의 말을 듣고 설명하기를 여러 번 반복한 후에야 진상 고객은 새내기 직원에게 꾸벅 인사하며 지점을 떠났다.

나는 그 진상 고객이 인사까지 하면서 떠난 것이 궁금해서 어떻게 된 일인지 새내기 직원에게 물어보자 별일 아니라는 듯이 씩 웃으며 말했다. 고객의 요구 사항을 듣고 그 고객의 현상과 우리 회사의 기준을 설명했고, 향후 어떻게 하면 기준에 맞출 수 있는지 몇 가지 방법을 설명한 것이 전부라고 했다.

고객이 소리치면 당황스러울 텐데 어떻게 그렇게 차분히 대할 수 있었는지 묻자, 고객이지만 불합리하게 요구하는 것은 맞지 않다고 생각했고, 본인이 공부한 내용과 맞지 않은 주장을 하길래 담담하게 대응했을 뿐이라고 말했다.

그 말을 듣는 순간, '회사 들어온 지 얼마 되지 않은 새내기가 고객을 대하는 자기 나름의 원칙과 맡은 업무에 대한 완벽한 이해를 바탕으로 당당한 태도로 진상고객을 상대할 수 있었구나.'라는 생각을 하였다.

회사원이라면 새내기든 풋내기든, 아니면 노회한 직원이든 자기 나름대로 고객을 대하는 원칙과 그 원칙을 뒷받침해 줄 업무 실력으로 당당함을 가진다면 그 어떤 상황에서도 인정받는 회사원이 될 수 있을 거라 확신한다.

원칙 없는 당당함은 뻔뻔함이 될 수 있고 실력 없는 당당함은 허세나 오만하게 비칠 수 있다. 원칙과 실력으로 당당한 회사 생활을 할 수 있도록 새내기 시절부터 노력하면 좋겠다.

참고로, 이 글을 읽는 새내기 회사원들도 언젠가는 진상 고객으로 힘들어 하는 직원들에게 힘과 용기를 주는 책임자가 될 것이기에, 은행 지점장이 진상 고객을 상대하는 몇 가지 사례(이런 진상 고객 응대 모습을 직원들에게 보여주면 직원들을 단합시키고 업무 의욕을 높여주는 효과가 있을 수 있다.)와 지금은 따라 하면 안 될 옛날 옛적 꼰대의 사례를 들어 본다.

| A지점장의 진상고객 대처 사례

'항상 강조하지만 직원의 일 처리에 문제가 없어야 한다는 전제가 있다.'

우리나라를 시끄럽게 했던 펀드 부실화 사건으로 많은 펀드 가입자들은 은행을 찾아 가서 돈을 돌려 달라고 데모하면서, 그 업무를 취급한 직원을 달달 볶고 있을 때였다.

A지점 PB팀장은 무던한 성격을 가진 사람이었지만 지속적인 고객 항의로 몸도, 마음도 지쳐가고 있었다.

어느 날, PB팀장이 지점장실로 와서 문제의 상품에 가입한 고객이 '그 상품을 판매한 것은 은행의 잘못이다.'라는 확인서를 써 달라고 요구하기 위해 또 지점을 방문할 예정이라고 말했다. 이미 여러 차례 방문하여 자신에게 그런 요구를 해 왔는데, 올때마다 확인서를 써달라고 생떼를 써서 너무 힘들다며 지점장께 도움을 요청한 것이었다.

그 말을 들은 지점장은 너무 걱정하지 말라고 PB팀장을 달래며 '그 고객이 오면 지점장실로 데리고 오라'고 말했다. 그러면서 '오늘 그 고객 앞에서 ○○팀장에게 큰소리 좀 칠 예정이니 그리 알고 있어라.'라는 말을 덧붙였다.

은행 문이 열리고 얼마 지나지 않아 PB팀장이 그 고객을 데리고 지점장실로 왔다. 지점장은 그 고객과 명함을 주고받으며 인사를 한 후, 곧바로 '무슨 일로 오셨나요? 요구사항이 뭔 가요?'라고 조용히 고객에게 물었다.

그러자 그 고객이 '이번에 판매한 상품은 은행의 잘못으로 손실이 발생했으므로 그 책임은 은행에 있다.'라는 확인서를 써 달라고 요구했다.

지점장은 고객이 그러한 요구를 할 거라는 것을 PB팀장에게 이미 들어서 알고는 있었지만, 그 말을 듣는 순간 화가 치밀어 올랐으나 조용히 말했다.

'고객님께서 이 상품을 몇 년 전에 가입하셨는데, 가입할 때뿐만 아니라 연장하실 때도 '이 상품은 원금 손실이 생길 수 있다'는 것을 알고 있었고, 또한, 최근까지 아무런 불만 없이 상품 수익을 받아 가셨습니다. 그런데 지금 손실 났다고 은행 책임이라는 것은 말이 안 됩니다. 확인서를 써 줄 수 없을 뿐 아니라, 앞으로 그런 것 때문에 우리 직원 괴롭히지 마세요.'

그러고 나서, PB팀장에게 '이런 말 듣고 왜 가만히 있나? 은행 책임이 아닌데 확인서를 써 달라고 하면 안 된다고 확실하게 말해야 되지 않나?'라고 강한 어조로 말하자, PB팀장은 훌쩍거리며 울기 시작했다. 이런 모습을 본 지점장은 '울긴 왜 우나? 잘못한 것도 아닌데 왜 할 말을 못하나?'고 큰소리로 말했다.

나이 많은 PB팀장은 훌쩍거리며 울고 있고, 미안하다고 말할 줄 알았던 지점장이 오히려 더 방방 뛰자 그 고객은 벙찐 얼굴을 하며 아무 말도 하지 못한 채 앉아 있었다. 잠깐의 침묵이 흐른 후 지점장은 고객에게 '우리도 최선을 다해 노력하겠다. 하지만, 앞으로 우리 직원을 힘들게 하지 마시라'고 타이르듯이 말했다. 그날 이후, 그 고객은 다시는 PB팀장을 괴롭히지 않았다.

| B지점장의 진상고객 대응 사례

어느 날 B지점장이 지점장실에서 자료를 보고 있는데 '왜 못 낮춰 주느냐?'라며 창구에서 엄청 큰 목소리가 들려왔다. 지점장은 해당 업무를 담당하는 팀장을 불러 자초지종을 물러보자, 팀장이 '저 분들은 학교 선생님 부부인데 '얼마 전에 대출 모집인을 통해 받은 고정 금리 대출의 금리가 현 상황에서 너무 높은데 왜 내려주지 않느냐?'고 소리치고 있다.'고 말했다.

지점장이 '금리를 내려 줄 수 있는 방법이 전혀 없느냐?'고 다시 묻자, "지난번 대출 취급할 때 지역본부 승인을 받아 취급했던 건으로 그 당시 금리는 매우 낮았습니다. 지금으로선 본점 승인을 받는 것 외에는 내려 줄 수 있는 방법이 없습니다. 그런데 본점에 물어보니 '그렇게 취급한 적이 없고 더이상 금리를 감면해 주면 손실 상태가 되기 때문에 승인해 줄 수 없다.'는 답이 왔습니다."라고 말했다. 참 난감한 상황이었다.

'일단 소리지르는 두 분을 방으로 모시라'고 말한 후, 지점장은 고객 대출 자료를 보며 내용을 대충 파악하였다.
잠시 후 두 사람이 방으로 들어오자 지점장은 책상에 자료를 펼치며 물었다.
'요구사항이 뭔가요?'

'지금 시중금리가 내려가고 있으니 금리를 내려주시오.'

'그럼, 그런 요구사항을 우리 직원에게 요청한 적이 있나요?'

'요청한 적이 없습니다.'

'그럼 큰소리를 왜 쳤나요?'

'요즘 금리가 하락하고 있는데 금리를 내려주지 않아서 그랬습니다.'

지금까지 금리 인하 요구를 말한 적도 없으면서 이제 와서 알아서 금리를 내려주지 않았다고 소리쳤다는 어이없는 대답에 '이 대출은 만기일까지 금리가 고정되어 있는데 알고 있냐?'라고 묻자 '몰랐다'고 대답했다.

'그런데 대출 서류에 본인 자필로 고정 금리 대출이라고 적고 서명과 사인까지 했는데 몰랐다니 말이 되나?'라고 다시 묻자, '대출 모집인이 적어라 해서 적은 것뿐이고, 은행에 방문하여 직원에게 설명 들을 때도 고정 금리 대출이란 말은 듣지 못했다'고 했다. 그러자 지점장이 '대출 시 가장 중요한 사항이라 대출 모집인과 우리 직원이 설명했다고 말하고 있고, 그 당시 상황을 상세히 설명하고 있는데 말이 되나?'라고 약간 언성을 높여 말하자, 갑자기 그 고객들은 '감독기관에 민원 넣겠다.'라며 으름장을 놓았다.

'참 진상 고객이구나.'라는 확신이 들자 화가 난 지점장은 '좋습니다. 민원을 넣으세요. 그런데 두 분이 중학교 선생님이라고 하셨는데 학생들에게 그렇게 가르치나요? 요구사항이 있으면 차분히 요청해야지 다짜고짜 본인 원하는 것을 해 달라고 떼쓰는 걸 가르치나요?'라고 큰소리로 말했다.

그러자 더욱 성질이 난 두 사람이 벌떡 일어서며 민원 넣으러 가겠다고 하자 지점장은 '가시라. 가셔서 민원을 넣어라. 민원 넣는 것은 본인 자유이니 말리지는 않겠다. 하지만 앞으로 이런 식으로 갑질하지 마시라. 원하는 것이 있으면 정당하게 요구하는 법부터 배우시라.'라고 다시 큰소리로 말했다.

그렇게 성난 대화가 몇 번 오가고 나서 한동안 정적이 흐른 후 지점장이 진상 고객에게 '본인의 요구 사항을 지점장인 내게 말하라'고 하였고, 그 요구사항에 대한 회사 규정과 절차를 설명한 후 해결 방법을 고민해 보겠다고 다독여 주었다.

지점장의 설명을 다 들은 후, 진상 고객은 잘 부탁드린다며 크게 인사한 후 지점을 떠났다. 그 일이 있은 후 직원들은 더욱 활기차고 적극적으로 변해갔고 지점은 모든 평가에서 상위권을 유지하였다.

| 지금 하면 언론에 도배될, 옛날 옛적 꼰대의 진상고객 대응 사례

2000년대 초반만 해도 은행원의 위치는 지금과 달리 갑의 느낌이 남아 있었다. 하지만 그런 은행원들도 힘들어 하는 진상 고객은 그때도 있었다.

책임자가 되고 얼마 지나지 않았을 때였다. 나는 규모가 꽤 큰 지점에 근무하였다. 지점의 규모만큼이나 창구에는 많은 여성 직원이 있었는데, 한 섬유 회사를 운영하는 젊은 사장 때문에 여성 직원들은 힘들어 하고 있었다. 그 사장은 여성 직원들에게 반말하는 것은 기본이었고 터무니없는 요구를 아무 거리낌 없이 하여 여성 직원들 사이에서 진상으로 소문나 있었다.

어느 날, 그 젊은 사장은 기계 구입을 위해 대출을 담당하고 있는 내 옆 동료 직원과 상담을 하게 되었다.

'사장님. 대출은 ○○억 원까지 가능하고 금리는 ○○%입니다.'

'에이~. 내가 필요한 금액이 ○○억 원이니 다 해주고 조건도 좋게 해줘요.'

'사장님 회사 신용등급 등을 감안하면 우리 회사 규정상 지금 말씀드린 금액 이상은 안됩니다.'

'뭘 그렇게 빡빡하게 해요. ○○억 원 대출해줘요.'

이런 말들이 한참을 오가자, 무례한 말투와 막무가내로 자신의 주장만 하는 젊은 사장에게 열 받았는지 대출 담당자의 언성이 점점 높아지기 시작했다. 급기야, 대출 담당자가 자리에서 벌떡 일어서더니 '안된다고 하면 그런 줄 알아야지 왜 자꾸 딴소리 하고 지X이야. 아무것도 못해주니 나가.'라고 소리쳤다. 그러자, 그 젊은 사장도 맞고함을 쳤고 대출 담당자는 창구 카운터를 돌아나가 젊은 사장의 멱살을 잡고 좌우로 흔들었다.

창구에서 시끄러운 소리가 나자 밖으로 나와본 지점장이 두사람을 지점장실로 불러 화해를 시켰다. 그제서야 차분해진 두 사람은 서로에게 미안하다고 말을 하며 함께 밖으로 나갔다. 그런데, 밖에 갔다 돌아온 직원은 여전히 흥분되어 있는 모습이었다. 내가 궁금해서 이유를 묻자 그 직원이 말했다. '지점장께 화해하는 모습을 보여주고 그 진상 고객을 밖으로 데리고 나갔는데, 화가 풀리지 않아 다시 멱살 잡고 싸우고 오는 길입니다.'

그 후, 창구 여성 직원들은 그 젊은 진상으로부터 해방될 수 있었다.

"원칙과 실력으로 당당한 회사 생활을 할 수 있도록 새내기 시절부터 노력하자."

똑똑한 업무방식은 모든 사람들로부터 사랑과 인정을 받게 해줄 것이다.

1. 보고의 생활화는 회사 생활의 꽃길과 연결되어 있다. 에라 모르겠다는 심정으로 어려운 사안부터 열심히 보고하자.

2. 폼 나는 인생을 살고 싶다면 많은 대안을 만들어라.

3. 매사 적고 기록하자. 나에게 평화로운 세상을 보여 줄 뿐 아니라, 가끔씩은 멋지고 아름다운 미래를 선물해 줄 것이다.

4. 아무리 탁월하다 해도, 그러한 것을 부러워하는 평범한 동료가 도와주지 않는다면 한 걸음도 앞으로 나갈 수 없다.

5. 일 할 때, 불필요하거나 효용이 떨어지는 것들을 찾아 없애는 노력을 한다면 더 좋은 것으로 많이 채울 수 있을 것이다.

6. 원칙과 그 원칙을 뒷받침해 줄 업무실력을 가진다면, 갑질 고객이 아니라 그 어떤 상황에서도 당당한 회사원이 될 수 있다.

Chapter 2

컨피던트 워크(Confident work) : 당당한 태도로 일하기

1.

과감한 실행이 답이다

"불요파(不要怕), 불요기(不要棄), 불요회(不要悔): 어떤 일을 할 때 두려워하지 말고, 중도에 포기하지 말고, 이왕 한 일이면 후회하지 말자."

'젊음아 청춘아
너는 왜 그리도 부끄러워하니?
너는 왜 그리도 자존심이 세니?
금방 사라질 부끄러움과 자존심
한 꺼풀 벗겨내면 거기서 거긴 걸
그냥 즐겨봐.
그냥 하고싶은 대로 해봐.

별것 아니야.

엄청 중요한 듯 보이지만 웃기는 얘기

끌리는 대로, 하고싶은 대로 맘껏 해봐.

인생 길지 않아.

지나고 보면 다 거기서 거기인 걸.'

어떤 일이든 시작하는 것이 중요하다. 시작하지 않으면 아무 일도 일어나지 않는다는 것은 분명하다. 그냥 지나온 대로 살면 된다. 하지만, 왠지 마음 한편이 허전하고 불편하다. 시간이 갈수록 그런 마음은 더욱 커져만 간다. 차라리 '에라 모르겠다.'는 심정으로 하고 싶은 일을 과감히 시작해 보는 것도 좋겠다.

완벽한 사람은 없다. 무슨 일이든 백 퍼센트 확신을 가지고 시작하기는 어렵다. 아무리 자신감에 가득 찬 사람도 새로운 길을 가거나 새로운 결정을 할 때 두려움을 느끼지 않을 수 없다. 이렇게 하는 것이 옳은가? 잘못되면 어떡하지? 더 좋은 길이 있지 않을까? 그냥 가던 길을 계속 가면 되는데, 군이 어렵고 힘든 새로운 길을 가야 할까? 등등 온갖 생각이 든다. 망설이고 주저하다 보면 하지 않아도 될 이유, 하지 말아야 할 이유를 찾아 그 이유 뒤에 자신을 숨긴다. 그리고 안도한다.

그리고 멀지 않은 훗날, 자신의 용기 없음을 후회하며, '한 번이라도 시도해볼걸.'하는 생각에 씁쓸한 아쉬움의 미소를 짓는다.

나도 매 순간 할까 말까 고민스러운 것이 많았다. 어떤 때에는 지레 겁먹고 포기하기도 했지만, 어떤 때에는 젖 먹던 힘까지 다해 실행한 경우도 있었다.

나는 입사하면서 지방으로 발령이 났다. 십 수년을 지방 지점에서 근무했다. 그 동안 몇 차례 서울로 올라 갈까 고민했다. 하지만 아무런 연고도 없는 서울로 간다는 것은 매우 두려운 일이었다. 아내와 상의를 했지만 그때마다 '그 곳에서 잘 적응할 수 있을까?'라는 고민만 하다가 포기하곤 했다. 그러던 차에 특정한 계기가 생겨 '에라 모르겠다.'라는 심경으로 서울로 왔다.

처음 서울에 왔을 때, 신림동에 있는 회사 합숙소에서 묵었다. 본점으로 출근하던 첫날, '아, 이래서 서울이구나.'라는 놀라운 경험을 했다. 동시에 정신 바짝 차려야겠다는 각오와 왠지 재밌을 것 같다는 생각이 들었다. 출근을 위해 지하철 2호선을 탔는데, 신도림역에 도착하자 상상할 수 없을 만큼의 인파가 지하철 안으로 쏟아져 들어왔고, 내 몸은 나도 모르게 객실 한가운데로 밀려들어갔다. 어느새 발과 머리는 직립 보행하는 인간이라면 도저히 구사할 수 없는 '기울기 신공'을 펼치고 있었다. 남녀노소 할 것 없이 온몸이 하나가 되어 기울기 신공을 펼치고 있었다.

거리를 걷는 시민들의 발걸음은 마치 '축지법'을 쓰는 듯했다. 얼마나 발걸음이 빠른지 절로 감탄사만 나왔다. '서울 살이가 쉽지만은 않겠구나.'라는 생각이 들었지만, 성격이 조금 급한 내게는 어쩐지 잘 맞는 도

시일 것만 같았다. 두려웠던 서울이 한 번 살아볼 만한 곳이라는 생각이 들었다. 여러 번 서울 가기를 망설이다가 '에라 모르겠다. 서울 가서 한 번 살아보자.'라며 내린 그 결정이 얼마나 잘한 것이었는지, 아들 딸이 성장해 자리를 잡고, 나도 임원이 된 후에야 비로소 확실히 알게 되었다.

많은 회사원들은 획기적인 아이디어를 가지고 있음에도 불구하고 불확실한 것에 대한 두려움 때문에 말하지 못하곤 한다. 괜히 말했다가 '그렇게밖에 생각 못하나?', '너무 허황된 아이디어인 것 같다.', '문제 해결에 도움이 될까?' 등등의 소리를 들을까 봐 지레 겁먹고 말하기를 포기하는 경우가 많다.

본점에서 근무할 때, 크고 작은 회의에 자주 참석한다. 대부분 미리 공개된 주제에 대해 의견을 듣는 자리인데, 참석자들은 사전에 주제를 깊이 공부하고 자신의 의견을 준비해 온다. 회의가 시작되고 말발 좋은 몇몇 직원이 먼저 말하면서 분위기는 달아오른다.

그때부터 고민이 시작된다. 내가 말하고자 하는 의견이 임원이나 다른 직원이 '괜찮네.'라고 할 만한 것인가? 주제와 너무 동떨어지진 않나? 등등. 그리고, 발표할 적절한 타이밍을 잡으려고 노력한다. 이런 것에 신경 쓰는 사이, 다른 직원이 내가 생각했던 것과 같은 내용을 먼저 발표하자, 임원께서 '그것 좋은 생각이다.'라고 칭찬한다. 그제서야 '에이, 먼저 발표할 걸.'이라고 생각하며 씁쓸해한다. 회사원이라면 누구나 한 번쯤 경험했을 것이다.

이때 필요한 것이 과감하게 행동하는 것이다. 사람의 생각이 비슷하다 보니 의견들이 거기서 거기다. 먼저 말 한 사람이 좋은 소리 들을 확률이 높다. 상사가 어떻게 생각할지에 대한 걱정은 하지 말자. 상사는 누가 적극적으로 동참하여 의견을 제시하는가에 관심이 쏠려 있다. 그 의견이 아무리 하찮은 것이라도 개의치 않는다. 어떤 의견이든 일단 던져 놓고 여러 사람이 같이 고민하면 되는 것이기에, 적극적으로 동참하여 의견을 말하는 직원이 예쁘게 보일 뿐이다.

무슨 일이든, 할까? 말까? 고민스러울 때, '에라 모르겠다.'라는 적극적인 마음으로 해보자. 백 번, 천 번의 생각보다 한 번의 실행이 훨씬 의미 있고 중요하다.

요즘 젊은 청춘들을 보면 자신이 하고 싶은 것에 주저 없이 도전하는 모습을 많이 본다. 그 용기가 대단하고 부럽다. 하지만 이런 용기도 시간이 조금, 아주 조금 지나면 흔적도 없이 사라진다. 이 눈치 저 눈치 보느라 정신없다. 그렇게 해야 험난한 회사 생활에서 살아남을 수 있다고 생각하는가 보다.

이리 재고 저리 재면서 회사 생활해봐야 남는 것은 '한번 해 보기나 할걸.' 하는 후회뿐…. 그럴 바엔 차라리, '에라 모르겠다. 한번 해 보자!'

"백 번, 천 번의 생각보단 한 번의 실행이 훨씬 의미 있고 중요하다."

2.

술 한두 잔 마신 듯 사는 것도 괜찮아

"술 한두 잔 마신 듯이 회사 생활하는 것도 나쁘진 않다.'라고 말하
곤 했다."

'김 대리는 참 성격도 좋아. 처음 만난 사람과도 어떻게 저렇게 허물
없이 잘 지낼 수 있을까? 하고 싶은 걸 다 하면서 동료들 사이에서도 인
기 있을 뿐만 아니라, 인정받고 잘나가는 모습을 보면 부럽기도 하고,
그 비결이 궁금하기도 해.'

또래 직장인들이 모이면 가끔, 잘 나가는 직원을 부러워하며 이런 대
화를 한다. 같은 시험을 거쳐 회사에 들어왔지만, 어느 순간 많은 직장
인들은 서로 다른 길을 걷고 있다는 것을 알게 된다. 어려운 과정을 거

쳐 회사에 들어온 만큼 기본적인 능력은 모두 출중한 것은 틀림없다. 그런데 왜 차이가 나는 것일까? 겉으로 보기에는 큰 차이가 없어 보이지만, 아주 미세한 차이가 점차 간격을 벌리고, 그 간격은 시간이 갈수록 더 커지는 듯하다.

다양한 성장 배경과 교육 환경 속에서 자란 사람들이 모여 하루 종일 머리를 맞대고 고민하며 문제를 해결해 나가는 곳이 바로 회사다. 한마디로 성격과 행동이 다른 다양한 사람들이 서로 소통할 수밖에 없는 곳이 회사라는 공간이다.

대부분의 직장인들은 회사에 들어오기 전까지 부모의 보살핌 속에서, 학교와 학원을 오가며 공부만 해 왔다. 그러다 보니 직장 내에서 직원 간 소통의 어려움을 겪는 경우가 많다. 이러한 소통의 어려움을 극복하기 위해 직장인들은 힘든 과정을 거친다. 특히 막 회사 생활을 시작한 새내기들이 느끼는 어려움은 짐작하기 어려울 것이다. 다행히 많은 직장인들은 시간이 지나면서 동료와의 관계에 점차 적응해 간다. 그러나 진심으로 즐겁게 그 관계를 유지하는 것은 시간이 지나도 결코 쉽지 않은 일이다.

인사업무를 담당할 때 직원들로부터 가장 많이 들은 고충은 다른 직원들과 좋은 관계를 맺고, 유지하고 싶은데 어떻게 해야 할지 모르겠다는 것이었다.

회사 생활을 시작한 지 얼마 되지 않은 직원은 '상사분들이 너무 어렵게 느껴진다.', '회사에 오면 마음이 맞지 않은 옆 직원 때문에 너무 힘들다.', '일은 하지 않고 상사에게 잘 보이려고만 하는 직원 때문에 내 일이 많아지고 짜증난다.', '점심때 식사하는 것보다 회사 주변을 걷거나 주변 헬스장에서 운동하고 싶은데 함께 식사 가자는 분위기라 힘들다.', '퇴근 준비중인데 지점장이나 팀장이 갑자기 회식하자고 한다.', '술자리가 싫은데 자꾸 술 마시자고 한다.' 등등 수많은 사유로 관계의 어려움을 호소한다.

정도의 차이는 있지만 직장상사도 비슷한 고민을 한다.

90년대나 2000년대 초반과는 달리, 부하 직원들에게 불필요한 것을 강요하는 상사는 많이 사라졌다. 오히려 지점장이나 팀장들이 직원과의 관계를 어떻게 설정하고 행동해야 하는지에 대해 많은 고민을 한다. '젊은 직원들에게 맛있는 것도 사주고 좋은 추억도 만들어주고 싶은데 꼰대 소리 들을까 봐 말하기 겁난다.', '어디 내놔도 실력으로 인정받는 직원으로 만들어 주고 싶어 업무 교육을 시키려고 하니 거부감이 크다.', '지점에 와 보니 실적은 최하위인데 직원들은 일할 의욕이라 곤 전혀 없는 모습이다.', '약간의 강제성을 가지고 일을 시키려고 하니 노조에 신고한다고 한다.' 등등 직원을 관리해야 하는 지점장부터 갓 들어온 신입 행원에 이르기까지 모두가 이런저런 고민을 안고 회사에 출근한다.

이렇게 많은 고민을 안고 회사 생활을 하지만, 자신의 고민을 동료에게 허심탄회하게 말하고 함께 해결해 가는 직원은 많지 않다. 오히려 자신의 속마음을 들킬까 봐 감정을 숨기고 뒤돌아서 힘들어 한다. 아마 서로 마음 터놓고 함께 노력했다면 해결할 수 있는 것들도 꽤 많을 텐데, 누군가에게 마음을 여는 작은 용기가 없어 자신의 고민을 끝까지 가슴속에 담아 두고 아파하며 힘들어 하는 것이다.

언젠가 용기를 내어 내게 이런 고민을 털어놓는 직원들에게, 나는 '술 한두 잔 마신 듯이 회사 생활하는 것도 나쁘진 않다.'라고 말했다. 꼭 술을 마시라는 의미는 아니다. 그런 기분으로 직원과의 관계를 유지해 보는 것도 좋다는 것이다. 아무리 어려운 사람도, 말하기 힘든 일도, 술 한두 잔 마시면 큰 용기를 얻어 가까이 다가가기도 하고 과감히 말하기도 하는데, 그런 기분으로 용기를 내서 여러 상황에 대처하는 것이 좋다는 의미다.

회사 생활을 하면서 애로사항이나 바라는 것이 있으면 직장 선배나 상사에게 솔직하게 털어놔 보자. 그렇게 다가온 후배 직원을 이상하게 생각하고 밀어내는 선배나 상사는 없을 것이다. 오히려 후배의 고충을 해결해 줄 수 있는 멋진 선배로 남고 싶어하고, 그렇게 자신을 찾은 후배가 예쁘게 보일 뿐이다.

또한, 컨디션이 좋지 않거나 개인적인 일이 있어 일찍 퇴근하려고 하는데, 지점장이나 팀장이 '오늘 저녁 같이 할까?'라고 물으면 '죄송합니다. 오늘은 어렵습니다. 다음에 한번 사 주십시오.'라고 말해보자. '상사가 하자는데 안된다고 어떻게 말하지? 찍히는 건 아닐까?'라는 생각은 하지 말자. 많은 상사는 회사일로 기분이 꿀꿀할 때 술 한잔 생각나서 '일 마치고 술 한잔할까?'라고 말하고 싶지만, 부하직원들이 선약이 있음에도 불구하고 무조건 따라올까 봐 말하지 못하는 경우도 많다.

개인적인 일이 있어 휴가를 사용해야 되거나, 유연근무가 필요하면 이 눈치 저 눈치 보지 말고 당당하게 요구하자. 회사 사정상 그 요구를 받아주기 힘든 경우라면 사정을 설명해 줄 것이다. 그런 시도도 해보지 않고 상사의 눈치가 보여 휴가도 못 가고, 유연근무를 사용하지 못한다며 불만만 늘어놓는 직장인들의 모습은 정말 꼴불견이다.

지금부터라도 어렵게 느껴지는 상사나 동료가 있다면 눈 질끈 감고 먼저 술 한잔하자고 말해보자. 꼭 술이 아니라도 좋다. 심각한 얘기를 할 필요는 없다. 그냥 일상적인 얘기면 족하다. 그렇게 각자가 한 발씩 다가가다 보면 마음을 열고 서로를 이해하게 될 것이다.

이러한 회사내의 상호관계보다 어쩌면 훨씬 더 힘든 것이 갑의 위치에 있는 외부 사람과의 관계이다.

내가 과장 책임자가 되고 얼마 지나지 않아 대관 업무 담당자로 발령받자 마자 우리 회사를 담당하는 사무실에 인사를 갔다. 사수와 함께 갔지만 떨리기는 매 한가지였다. 문을 열고 들어선 사무실 분위기는 모든 직원이 조용히 일에만 집중하고 있어서인지 차갑고 무겁게 느껴졌다. 한 사람 한 사람에게 나를 소개하며 인사하는데 긴장한 탓인지 온몸에 땀이 비 오듯 쏟아졌다. 땀 흘리며 두 손 모아 서 있는 나의 모습이 안타까웠는지 '긴장 풀고 편히 계시라.'는 말씀을 해주는 분이 여럿 있었다. 태어나서 한 곳에서 그렇게 많은 공무원이 아무 소리도 내지 않은 채 일하고 있는 모습을 처음 보았기에 긴장하지 않을 수 없었다.

그렇게 첫날이 지나갔다. 금방 괜찮아 질것 같았지만 쉽게 긴장이 풀리지 않았고, 매일 땀에 흠뻑 젖어 땀냄새 가득한 옷을 입고 퇴근하였다. 꽤 많은 시간이 지나서야 마음의 안정을 찾을 수 있었는데, 평정심을 찾기까지 나 나름대로 많은 노력을 해야 했다. '어차피 똑같은 월급쟁이인데 설마 죽이기야 하겠어? 그냥 편하게 하자.'라고 생각하며 술 한잔한 기분으로 다가갔다. 실제로 술 마신 날이 많았지만 마시지 않은 날도 어제 마신 술이 덜 깬 듯한 기분을 하며 다가갔고, 다행히 대부분의 사람들은 인간적으로 나를 맞아 주었고 점점 나를 찾는 사람이 늘어났다. 그렇게 나는 그 회사에서 꽤 유명한 사람이 되었다.

'회사원으로 사는데 쉬운 것이 어디 있겠나?
그중 제일 어려운 것이 사람이지 않을까?
말똥말똥 이성을 부여잡고 회사 동료를 어렵게 느끼고 피하기만 한다면,

한 걸음도 다가갈 수 없다.

점점 멀어져만 갈 것이다.

그냥 술 한잔한 기분으로 다가가 보자.

그 사람의 눈빛이, 몸짓이 달라질 것이다.

새로운 세상을 경험할 수 있을 것이다.'

"꼭 술을 마시라는 것이 아니라 그런 마음가짐으로 용기를 내어 여러 상황에 대처하면 좋겠다."

3.

기회 앞에서 머뭇거리지 말자

"좋은 기회는 내 곁에 머물지 않는다. 내가 아니더라도 주변에 신경
쓸 일이 너무 많기 때문이다."

우리 인생이 10년, 20년, 30년 단위로 새롭게 시작될 수 있다면 얼마
나 좋을까? 10년 전에 내게 찾아왔던 좋은 기회가 10년 주기로 다시 찾
아온다면? 10년이 짧다면 20년, 30년이 지나서라도 비슷한 기회가 다
시 찾아오면…. 어쩌면 비슷한 기회가 여러 번 찾아왔지만, 그것을 알
아차리지 못하고 흘려보냈을지도 모른다.

만약, 아쉽게 놓쳤던 기회가 다시 찾아온다면, 누구라도 그 기회를
놓치지 않으려고 최선을 다할 것이다. 학창시절 경험해보고 싶었던 일

162

탈들, 젊은 시절 못다 한 가슴 시린 사랑, 가상자산이나 부동산 광풍이 불기 전 찾아왔던 매수기회 등등 너무나 아쉬웠던 일들을 놓치지 않고 반드시 잡겠노라고 다짐하면서 열심히 살지 않을까?

안타깝게도, 기회가 오는지조차 알 수 없을뿐더러, 설령 온다고 해도 우리가 쉽게 잡을 수 있을 만큼 뚜렷한 모습으로 다가오지는 않을 것 같다. 기회라는 것이 자존심이 셀 뿐 아니라 움직이는 속도가 말 그대로 전광석화이기 때문이다.

대학교에 막 들어갔을 때였다. 같은 과에 엄청 예쁜 여학생이 있었다. 모두가 말을 걸고 싶어 했고 눈길 한 번 받으면 하루 종일 기분이 좋아지는 그런 예쁜 여학생이었다. 숫기가 없었던 나도 맘 속으로 '참 예쁘다. 얘기 한 번 해보면 얼마나 좋을까?'라는 생각은 항상 가지고 있었다.

그러던 중, 중간고사가 시작되어 시험공부를 할 겸 중앙도서관을 찾았다. 평소 도서관에서 공부하는 것이 체질에 맞지 않아 잘 가지 않던 나였지만, 이번에는 열심히 공부하겠다는 다짐을 하면서 도서관으로 갔다. 나는 빈자리를 찾아 두리번거리면서 입구에서 안쪽으로 걸어 들어갔다. 한눈에 보아도 도서관은 빈자리 하나 없이 학생들로 빼곡했다. 그래도 혹시나 하는 마음에 중간쯤 갔을 때, 낯익은 얼굴이 눈에 들어왔다. 바로 우리 학과의 예쁜 여학생이었다. 갑자기 가슴이 두근거리기 시작했다. 지금까지 그녀는 항상 다른 사람들과 같이 있어 말을 걸 기회조차 없었는데, 드디어 내게 절호의 기회가 찾아온 것이었다.

설레는 마음과 주저함을 안고 그 여학생 자리로 다가갔다. 한 걸음, 두 걸음 가까이 다가갈수록 '어떻게 말을 걸지? 무슨 말을 할까?'라는 생각에 심장이 터질 듯 떨렸다. '오~ 열심히 하네.'라고 말을 걸어볼까 하다가도, 긴장감에 숨이 막힐 지경이었다.

그 여학생에게 다가갈수록 용기는 점점 사라졌고, '말을 걸까 말까.' 하는 고민과 걱정만이 머릿속을 가득 채웠다. 결국 용기를 내지 못한 나는 '도서관을 한 바퀴만 더 돌고나서 말을 걸어야지.'라고 생각하며 그녀를 지나쳐 갔다.

별로 넓지 않은 도서관 내부를 천천히 한바퀴 더 돌았고, 어느덧 다시 그녀가 있던 자리 쪽으로 가까워지고 있었다. '이번엔 꼭 말을 걸어야지!'라고 각오를 단단히 하며 용기로 나를 무장시켰다.

드디어, 코너를 돌자 그녀의 자리가 눈에 들어왔다. 그런데, 이게 무슨 일인가? 몇 분 전까지 그녀가 앉아 있던 자리는 텅 비어 있었다. 서둘러 그 자리로 다가가 보았지만, 책상 위에는 아무것도 남아 있지 않았다. 그녀는 이미 도서관을 떠난 것이었다. 아~. 단 몇 분밖에 지나지 않았는데…. 그날 이후로 그녀가 혼자 있는 모습을 다시는 볼 수 없었다.

간절히 바라는 것이 있다면, 기회가 찾아왔을 때 잡을 수 있도록 준비된 자세와 과감히 행동할 수 있는 용기가 필요하다. 대부분의 기회는 스쳐 지나가는 순간조차 알아차리기 어렵다. 설령, 기회가 오고 있음을 알아차려 머릿속으로 대비하고 있어도, 실제로 용기를 내어 행동하지 않으면 아무 소용이 없다.

때로는 우연히 찾아온 기회가 자신이 굳게 지켜온 신념과 맞지 않는 때도 있다. 이런 상황에서, 고민은 깊어지고 마음이 무거워지게 된다. 하지만 그럼에도 불구하고 기회를 잡아야겠다고 결심했다면, 그런 기회 앞에서 머뭇거림 없이 온몸을 쥐어짜내는 용기가 필요하다.

내가 대관 업무를 담당할 때, 나와 친하게 지내던 B라는 사람이 있었다 비록 회사는 달랐지만, 우리는 나이도 비슷하고 동일한 업무를 담당하다 보니 속에 있는 말을 많이 하곤 했는데, 어느 날 그 사람이 자신이 승진하게 된 에피소드를 말해 주었다.

B가 팀장으로 승진할 때였다. 그 회사는 대관 업무 담당자가 고생하는 것을 배려하여 내부 업무를 하는 일반 직원보다 승진에서 약 6개월 정도 혜택을 주고 있었다. B가 대관 업무를 약 5년쯤 했을 무렵 승진 연차에 들어갔는데, 너무 오랫동안 대관 업무를 하다 보니 몸도 지치고 경제적인 부담도 많아 대관 업무를 그만하고 싶었다. 그런데, 그만 할 수 있는 방법은 승진을 포기하고 다른 자리로 옮기거나 승진하여 후임

자에게 그 업무를 물려주는 것뿐이었다. B는 그 동안 최선을 다해 대관 업무를 해 왔고, 나름대로 많은 성과를 냈다고 생각하고 있었기 때문에 가능하면 승진으로 마무리하고 싶었다. 하지만, B보다 승진 순위가 앞서는 선임자들이 이미 3명이나 있었다.

통상적으로 한 인사 시즌에 부서에서 2명 정도 승진을 하다 보니, 아무리 대관 업무로 고생한 것을 감안하더라도 승진하기가 쉽지 않다는 것을 B는 알았다. 승진하려면 B의 인사를 결정하는 담당 임원의 강력한 추천이 있어야 가능 할 것 같았다. 하지만 결정권을 가진 임원은 B가 대관 업무를 하면서 겪는 고생을 잘 알지 못했다. 어떻게 해서든지 B는 자신이 힘들게 일하고 있으며, 회사를 위해 많은 성과를 내고 있다는 것을 임원에게 알려야 했다. 결국 B가 기댈 곳은 B가 하고 있는 일을 가장 잘 이해하고 있는 분이 B의 고충과 노력을 그 임원에게 말해주는 것이었다.

그런데 B의 사정을 잘 알면서 임원에게 말해 줄 수 있는 P라는 분은 오랜 회사생활을 고위직으로 마친 후, 얼마전 그만 둔 상태였다. B와 P는 가끔씩 만나 식사를 하는 사이였는데, B는 P가 자신의 절박한 사정을 알아차려 말씀해 주길 기대했다. 하지만 안타깝게도 P는 B가 승진 대상자인지조차 몰랐다. B의 마음속에서는 P에게 '용기 내서 나의 사정을 말씀드려 볼까?', '아니야, 개인적인 일인데 그렇게까지 하기는 싫어.'라는 생각이 다투고 있었다. 엇갈리는 생각으로 혼란스러웠지만, B

는 평소 지켜온 신념을 어기는 것 같아 P에게 자신의 승진과 관련해서 아무런 말도 하지 않았다. 다만, 혹시라도 P가 먼저 B의 승진과 관련해 물어보면 주저 없이 대답하겠다고 마음은 먹고 있었다.

인사가 얼마 남지 않았다. 속절없이 시간만 흘러가고 있을 때, B가 잘 알고 있는 사람이 돌아가셨는데. 그 사람은 P와 매우 친한 사이였다. B는 P를 모시고 조문을 같이 가게 되었다. 이런 저런 대화를 나누며 한 참을 가던 중, 갑자기 P가 B에게 물었다. 'B차장, 지금 그 업무 담당한 지 오래된 것 같은데, 승진할 때가 되지 않았나?' 아니, 이렇게 반가울 수가! P가 이런 질문을 해 주길 간절히 바라고 있었는데, 마침내 B에게 물어본 것이다. '네. 이번에 승진 대상 연차가 되었습니다.' B는 용기를 내어 평소 마음속으로 생각해 온 대답을 주저 없이 했다. '아~. 그래? 지금까지 너무 애쓰고 있는데, 고생하고 있다는 것을 임원께서 알고 계시나? 한 번 말씀드려야겠네.' B는 속으로 외쳤다. '열심히 일하고 있는 사실만 알려줘도 고맙죠.'
그리고 B는 승진하게 되었다.

마지막으로 B는 힘을 주어 말했다. '지금 생각해 보면, P의 "승진할 때가 되지 않았나?"라는 질문에, 남에게 신세지는 것을 싫어하는 자신의 성격대로 "아직 좀 있어야 됩니다."라고 대답했더라면 승진의 즐거움을 맛보지 못했을지도 모른다. 정말 간절히 바라던 기회가 갑자기 온다면 그 기회를 잡기 위해 용기를 내고, 최선을 다해야 한다.'

대부분의 회사원들은 이런 기회를 잡기도 쉽지 않겠지만, 설령 이런 기회와 우연히 만난다고 해도, 준비되어 있지 않거나 작은 용기가 없어서 그냥 흘려보내곤 한다. 기회는 쉽게 찾을 수도, 영원히 지속되지도 않는 신기루 같은 것이다. 아지랑이처럼 피어오르는 미지의 기회가 나를 조롱하며 지나가지 않도록 눈을 부릅뜨고 용기로 무장한 채 항상 준비하고 있어야 한다.

'기회는 준비된 사람에게만 찾아가는 심술꾼이다.'

"기회 앞에서 온몸을 쥐어짜는 과감한 행동을 할 수 있는 용기가 필요하다."

4.

모든 약속은 지킬 가치가 있다

"'에이, 그런 약속은 안 지켜도 돼!'라고 말하는 사람을 보면 신뢰가
땅속으로…."

'어떡하지? 오늘 친구들과 오래전에 한 약속이 있는데, 갑자기 부장
님이 벙개를 쳤으니…. ㅠㅠ 벙개에 참석하지 않으면 찍힐 것 같은데,
친구들에게 못 간다고 말해야 하나?' 오늘도 김 대리는 회사 생활하기
가 참 힘들다는 생각과 함께 선택의 기로에 섰다.

'중요하지 않은 약속은 없다. 지킬 필요 없는 약속 또한 없다. 혼잣말
로 한 약속도 지키려고 노력해야 한다. 약속은 신뢰이자 책임감이다.'

우리는 하루에도 수많은 약속을 하곤 한다. 말하기 시작한 순간부터 알게 모르게 자신이나 다른 사람과 한 약속들은 넘쳐난다. 엄마에게 혼나기 싫어 'ㅇㅇ하지 않을게요, 앞으로 잘할게요.'와 같은 상황 모면용 약속부터, '담배를 끊겠다. 술을 줄이겠다.'와 같은 자신과의 약속, 친구나 선후배 들과의 약속 등등 수많은 약속을 끊임없이 한다. 그리고, 대부분의 사람들은 약속을 지키기 위해 나름대로 많은 노력을 한다.

교육의 효과인지 인간의 타고난 본성인지 알 수는 없지만, 약속을 지키지 않으면 찌질한 사람처럼 보여지는 것 같고 마치 죄를 지은 느낌이 든다. 불쑥 던진 한 마디라도 지키기 위해 최선을 다하는 사람을 보면, 우리는 그 사람을 '신뢰할 수 있는 사람.'이라고 생각한다. 하지만, 약속을 숨쉬듯 던지면서 약속한 사실조차 잊어버리거나 지킬 의사가 없는 듯 보이는 사람은 '믿지 못할 사람, 친분을 맺지 말아야 할 사람.'이라는 인식이 기억 속에 남는다.

많은 사람들은 약속을 지키지 않은 사람 때문에 힘들어하고, 사람을 잘못 판단한 자신을 책망하기도 한다. 특히 돈과 관련된 약속이 지켜지지 않으면 오랫동안 기억에 남는데, 나 역시 그런 좋지 않은 경험이 몇 건 있다.

지방에서 십수 년을 근무하다가 서울로 왔다. 서울에도 열심히 살고 있는 친구들이 있었는데, 그중 한 명은 매우 어렵게 자리를 잡아 중소

기업을 운영하며 제법 많은 돈을 모은 친구였다. 하지만 사업이라는 것이 경기 변동에 민감하다 보니 자금 흐름이 들쑥날쑥하였다.

어느 날, 그 친구로부터 연락이 왔다. 급히 물품 대금을 결제해야 하는데 갑자기 자금이 막혀 돈이 필요하다며 천만 원을 빌려 달라고 했다. 평소에 그만한 여윳돈이 있을 리 만무했지만, 거절하자니 '은행 직원이 천만 원도 없냐?'고 원망할 것 같았다. 어쩔 수 없이 아내에게 '내게 중요한 친구가 부탁한 건이라 거절할 수 없는 상황.'이라며 돈 천만 원을 구할 수 있는지 물었다. 그러자 아내는 마이너스 대출 약정된 것이 있다고 말했다. 결국 아내 마이너스 대출 통장에서 천만 원을 인출하여 그 친구에게 빌려줬다.

사실 그 당시, 집을 사면서 빌린 대출 이자를 갚기도 벅찬 상황이었다. 결혼 때부터 대출로 시작한 탓에 제대로 자리를 잡기가 쉽지 않았다. 빨리 돈 벌어야겠다는 생각에 전문 지식도, 정보도 없이 주식 투기를 하다 보니 상황은 더욱 악화되었다. 그렇게 고달픈 젊은 시절을 보내고 있을 때, 돈 많은 사람이 일시적으로 부족해진 돈을 빌려 달라고 부탁을 하자, 아내의 대출 통장에서 돈을 꺼내 빌려준 것이다.

시간이 흘러 그 친구가 빌려간 돈을 갚겠다는 날이 되었는데, 하루가 다 지나 가도록 아무런 연락이 없었다.
'잊었나?'

'전화해 볼까?'

'아니야. 조금 더 기다려 보자.'라고 생각하며 하염없이 기다리다 보니 일주일이 훌쩍 지나갔다. 그런데도 아내는 아무 말없이 그저 기다려 주었다. '괜히 아내의 마이너스 통장까지 이용하면서 돈을 빌려줬나?' 하는 후회가 밀려왔다.

약속한 날로부터 몇 개월이 지난 어느 날, 나는 용기를 내어 그 친구에게 문자를 넣었다. '친구야. 그 돈은 아내 마이너스 통장에서 꺼내 빌려 준거라 다시 갚아줘야 한다. 미안하지만 빌려간 돈 언제까지 돌려줄 수 있니?' 문자를 보낸 후 한참이 지나서야 '아직 공사 대금 회수가 되지 않아 시간이 좀 더 필요하다.'는 답장이 왔다. 빌려간 놈이 어렵다고 하니 어떻게 해 볼 수도 없는 상황이었다. 그렇게 시간이 흘러 또 수개월이 지났지만 빌려준 돈은 돌아올 줄 몰랐다.

그동안, 그 친구는 영업을 한다며 이 사람 저 사람을 고급 음식점과 술집으로 불러 접대를 하며 다니고 있었다. 그런 소식이 들릴 때마다 '한두 번 술집 가는 비용이면 내 돈을 갚을 수 있을 텐데.'라는 생각에 화가 났다. 약속을 지키지 않는 친구의 행동에 배신감만 쌓여 갔다. 하지만 그 친구가 돈을 갚지 않는 이상 내가 할 수 있는 것이라고는 잊지 않도록 가끔씩 문자를 넣는 것뿐이었다.

다행히, 그 친구가 돈을 빌려간 지 몇 년이 지나서야 겨우 돌려받을 수 있었다. "빌려줄 때는 서서 주고 돌려받을 때는 엎드려서 받는다."는 말이 있다. 신뢰 없는 사람과 사귀게 되면 반드시 경험할 수밖에 없는 참 슬프고 고약한 말이다. 그날 이후 여러 차례 그 친구를 보았지만 이미 깨져버린 신뢰는 다시 붙일 수가 없었다.

가끔씩 내게 왜 이런 일이 자꾸 생기지? 내가 좀 모자란 가? 차라리 '내 돈 돌려도.'라고 강력하게 말하는 것이 좋지 않았나 하는 생각도 해 본다. 돌려받을 거라는 확실한 믿음을 가지고 빌려준 돈 거래는 약간의 삐걱거림에도 신뢰가 무너질 수 있다. 그 순간 돈도 친구도 모두 잃을 수밖에 없다. 가까울수록 돈 거래는 하지 않는 것이 좋다. 어쩔 수 없이 돈을 빌려줘야 하는 상황이 된다면 받지 않아도 된다는 확고한 생각이 있을 때 빌려줘야 친구라도 건질 수 있다.

돈이 개입된 약속만 신뢰에 영향을 미치는 것은 아니다. 개인간의 만남이나 업무와 관련된 약속을 제대로 지켜지지 않으면 신용 없는 사람으로 낙인 찍힐 수 있다. 회사 생활을 하다 보면 두 사람간, 아니면 여러 사람간 이런 저런 약속들을 많이 한다. 요즘은 이런 약속을 카톡 등을 통해 수시로 통지하고 있어 모기 똥만큼의 관심만 있어도 약속한 사실을 알 수 있다.

하지만, 어떤 사람은 약속 시간이 가까워졌을 때나 약속 시간이 지나오지 않을 때 연락을 하면, '미안, 오늘이 그날인지 몰랐어.'라는 얄미운 소리를 해댄다. 또 어떤 사람은 약속한 날이 다가오면 집안에 무슨 일이 그리도 많은지, '제사다, 결혼 기념일이다, 누가 아프다, 집에 누가 오기로 되어 있다.'며 약속을 깨 버린다. 이런 행동을 하는 사람들은 이전에도 비슷한 행동을 한 경우가 많다. 상습적이란 얘기다. 그런데 윗사람과의 약속은 절대로 까먹지 않는 천재적인 기억력을 가지고 있다. 참 특이한 뇌구조다.

회사원들이 직장 생활을 하면서 자주 겪는 곤란한 상황 중 하나가 상사의 갑작스러운 '벙개' 요청이다. 회사 동료나 지인과의 약속 시간이 얼마 남지 않았는데 갑자기 꼰대 상사가 벙개를 친다. 어떡하지? 어떻게 해야 하나?

부행장 시절, 이러한 상황을 주제로 젊은 직원들과 대화를 나눈 적이 있다. 코로나 때문에 주로 사무실에서 점심을 먹던 때였다. 우연히 20대 중반, 20대 후반, 30대 초반의 직원과 함께 식사를 하면서, '친구와 선약이 있는데 갑자기 상사가 벙개를 치면 어떻게 해야 하나?'라는 질문을 했다.

그러자, 30대 초반 직원은 '당연히 상사와의 식사 자리에 참석한다.'였고, 20대 후반의 직원은 '선약한 동료에게 상사가 벙개를 친다'고 말하고 동료들이 인정하면 상사와의 자리에 참석한다.'였다. 하지만 20대 중반의 신출내기 직원은 '아무리 상사라도 갑자기 벙개를 치면 안 된다.

나는 선약한 동료와의 약속을 지킬 것이다.'라며 젊은 패기를 보여 줬다. 그러자, 회삿밥을 조금 더 먹은 두 사람이 이구동성으로 '니 그러다 찍힌다. 앞으로 회사 생활이 무지 어려워질 수 있다.'라고 말하며 모두가 같이 웃었다.

이즈음에서, 회사원들은 '벙개'에 대해 깊이 생각해 보면 좋겠다. '상사는 자신의 사정만 생각하여 벙개를 친 것은 아닌지, 직원들이 좀 더 생각할 수 있도록 시간적인 여유를 두고 얘기할 수 없었는지, 아니, 벙개가 시대에 맞는 것인지. 또한, 부하 직원은 상사가 벙개를 치면 싫더라도 무조건 따라가야 하는지, 싫어하면서 따라갔다가 상사가 벙개를 쳤다고 뒤에서 욕하는 자신의 모습이 찌질하게 보이지 않는지.'

회사 생활하면서 이런 상황에 어떻게 대처해야 하는지 정답은 알 수 없다. 각자의 선택에 달려 있다고 본다. 다만, 서로가 원원 할 수 있는 벙개는 각자의 상황에 따라 당당하게 선택하는 것이다. 벙개를 친 상사도 그러길 바랄 것이다.(그 이유: 부하직원들이 무조건 따라올까 봐 벙개 치기를 꺼리는 상사들도 많음)

어쨌든, 반드시 생각 해야 할 것은, 아무리 사소한 약속도 중요하다는 것이다. 쉽게 생각해도 좋을 약속, 임박해서 전화 한 통 불쑥하여 '약속을 못 지킬 것 같다'고 말해도 좋을 약속은 없다. 약속은 약속했다는 자체만으로 지킬 가치가 있다. 만약 무슨 일이 생겨 약속을 지킬 수 없다면, 미리 충분한 시간을 두고 약속을 다음으로 미루거나 취소하는 예의를 갖는 것이 좋겠다.

'약속이 있는 날, 약속된 시간을 알리는 시계의 외침에 맞춰 '짠' 하고 등장하는 것보다, 10분쯤 일찍 약속장소에 도착하여 주변 상황도 파악하고 약속한 사람을 기다려 주는 것은 빛나는 회사 생활을 예약하는 것이다.'

"지키지 않아도 될 약속이란 없다. 약속은 신뢰이자 책임감이다."

5.

지키고 싶은 삶의 기준을 만들자

"단순한 글자 한 자는 나를 지탱시켜주는 보이지 않은 기둥이 되었다."

회사원은 고객과의 관계는 물론 회사 내 업무를 할 때도 일의 정당성을 고민하거나 우선 순위를 두고 심각해지곤 한다. 다행히, 평소 나의 기준에 맞는 일이라면 기분 좋게 집중할 수 있겠지만, 안타깝게도 내 기준에 맞지 않은 일을 어쩔 수 없이 해야 할 때도 많다. 이런 상황이라면 과연 어떻게 해야 할까?

멋진 선후배가 있어 조언을 들을 수 있으면 좋겠지만, 그런 선후배를 찾기도 어렵고, 설령 있다 해도 깊이 신뢰하지 않으면 속마음을 털어놓기가 힘들다. 이럴 때 필요한 것이 바로 자신만의 삶의 기준이라 생각

177

한다. 실천하기 쉬운 기준이든 어려운 기준이든, 기준을 세워 두는 것만으로도 방향을 잡기 힘든 상황이 닥쳤을 때 큰 도움이 된다.

어릴 적, 나는 나름의 좌우명을 담아 스스로 '오죽'이라는 호를 지었다. 한자로 까마귀 烏(오), 대나무 竹(죽)자가 합쳐진 것이다.

중학교 때, 하루에도 몇 차례씩 도서관에 가서 책을 빌려봤다. 학교에 등교하자마자 빌린 책을 오후에 다른 책으로 빌려 읽었고, 수업 중에도 선생님 말씀은 듣지 않고 도서관에서 빌린 책을 읽었다. 교과서 공부보다 도서관에서 빌린 책을 읽는 것이 좋았다. 그 덕분에 초등학교를 포함해 학교 다닌 이래 처음으로 상을 받았다.

매주 전교생이 운동장에 모여 조회를 할 때였다. 갑자기 내 이름이 불렸다. 처음엔 '동명이인이겠지.' 하며 의아해했다. 그럴 만도 한 것이 그때까지 내 이름이 불린 건 장난치다 걸려 벌받을 때뿐이었기 때문이다. 다시 한번 내 이름과 함께 '독서왕' 앞으로 나오라는 소리가 들렸다.

지지리 공부와 담쌓고 지내던 내가 처음으로 받은 상이 '독서왕'이었다. 그 후로 학교를 다니는 동안 책을 많이 읽었던 것 같다. 무슨 책을 읽었는지는 자세히 기억나지는 않지만, 주로 우리나라 전설이나 공상 과학 책을 읽었던 것 같다. 그렇게 독서하다가 스스로가 지은 호가 '오죽'이었다. 그 의미는 '부모님께 효도하고 꺾이지 않는 꼿꼿한 삶을 살자.'이다.

우연히 읽은 책에서, 까마귀가 어미새에게 먹이를 물어다 주며(까마귀를 '반포조'라 부르는 이유) 효도를 한다는 이야기를 보고 나도 효도 한 번 해보고 싶어 '오(烏)' 자를 선택했고, 대나무는 어떤 풍파에도 부러지지 않는 꼿꼿함이 있다고 해서 '죽(竹)' 자를 선택하였다. 실제로 내가 살던 집 주변에 대나무가 많았는데 눈이 아무리 많이 와도 휘어질지언정 부러지지 않는 모습이 멋있게 느껴졌던 영향도 있었다. 이렇게 내가 좋아하는 두 글자를 합쳐 오죽(烏竹)이라 호를 지었고, 항상은 아니지만 그렇게 살기 위해 노력했다.

하지만, 첫 번째 글자인 '오'의 의미를 실천하지는 못했다. 부모님이 일찍 돌아가신 이유도 일부 있지만, 먹고 살기 바쁘다는 핑계로 효도를 다하지 못했기 때문이다. 두 번째 글자인 '죽'이 의미하는 정도를 지키고 잘못된 것에 굴복하지 않으려는 마음은 어느 정도 실천하려고 애썼다. 일상뿐만 아니라 회사 생활에서도 '죽'의 의미를 지키려 했다. 특히 감사, 인사, 준법과 같은 업무를 주로 맡다 보니 이러한 마음가짐이 더욱 깊어진 듯하다.

지점장을 하다가 본점 검사부로 전입해서 본부 업무가 적정하게 이뤄지고 있는지를 점검하는 파트 부장을 맡은 적이 있다. 그 전까지 존재감이 크지 않은 파트였다. 본부에는 뛰어난 인재들이 많을 뿐만 아니라 직원들의 자존심과 업무 지식 수준이 매우 높았다. 그러다보니 이전부터 본부 직원들의 업무를 검사해서 문제점을 지적하고 개선을 요구하는 일이 쉽지 않았던 것 같았다.

하지만 감사 업무라는 것은 정해진 규정에 따라 업무가 수행되었는
지, 규정이 적절하게 마련되어 있는지, 혹은 규정 준수가 어려운 특별
한 사유가 있는지를 파악해서 제도를 개선하는 등 거기에 맞는 대책을
제시하면 되는 것이다. 설령 일선 부서의 업무에 익숙하지 않더라도 규
정과 업무를 대조하면 문제점을 찾을 수 있었다.

부장으로 부임한 날, 10여 명의 경영 감사 담당 직원에게 '앞으로 감
사를 시작하기 전에 관련 업무를 충분히 파악하고, 감사 시 모든 문제
점을 빠짐없이 보고하며 현장에서 봐주고 넘기지 말 것'을 지시했다. 또
한 감사가 끝난 후, 그 업무 최고 책임자가 내게 '좀 봐 달라'는 부탁을
하지 않으면 감사를 제대로 수행하지 않은 것으로 알겠다고 강조했다.
대신, '감사 결과에 대한 모든 책임은 내가 진다'고 덧붙였다.

먼저 은행 업무의 가장 기본이 되는 IT분야를 집중 감사했는데, 그 감
사를 수행한 후 직원들의 자신감과 사기는 매우 높아졌다. 사소한 일로
직원을 징계하던 이전의 방식에서 벗어나, 업무를 개선하거나 새로운
업무 방법과 제도를 도입하는 데 초점을 맞추며 감사 패러다임을 제도
개선 위주로 바꾸었다. 그런 노력 덕분인지, 얼마 지나지 않아 우리 파
트는 본부 직원들이 가장 만나고 싶지 않은 부서 중 하나가 되었다. 그
당시 우리 파트에서 지적했던 몇몇 사항은 우리나라 최고 감독기관이

우리 회사를 감사할 때 매우 잘된 사례로 칭찬받기도 했다.

회사 내의 일과 관련하여 원칙을 지키며 일하는 것은 약간의 의지만 있으면 가능하다고 생각한다. 문제는 외부와 관련된 일일 경우 매우 복잡한 상황에 놓이게 되고, 자신만의 확고한 원칙이 없으면 올바르지 않다고 생각되는 것도 받아들일 가능성이 높아진다.

내가 지점장으로 근무하다 검사부로 오고 여러 달이 지났을 때의 일이다. 우리 회사는 몇 달 전 업무와 관련된 감사를 받았고, 그 과정에서 많은 지적을 받았다. 그런데, 지적 건 중 직원 급여와 관련된 것이 있었다. 우리 회사는 공공기관이라 정부로부터 예산을 통제 받고 있어 함부로 직원 임금을 올릴 수 없었고, 이러한 것이 여러 해 지속되다 보니 급여가 타은행에 비해 낮은 편이었다. 그런데, 우리 회사 임금이 다른 회사 임금보다 높다는 것이었다. 우리 회사 사정을 아는 사람이라면 어느 누구도 받아들일 수 없는 결과였다.

여러가지 오해에서 비롯되었다고 생각하여 우리 회사 사정을 정리하여 그 업무 담당자를 찾아갔다. 사무실을 방문하였을 때, 마침 담당자는 자리에 없었다. 한참을 기다려도 오지 않기에 옆 직원에게 내용을 말하고 정리해 간 자료를 주고 회사로 돌아왔다.

회사로 돌아와 자리에 앉자 마자 책상 전화벨이 울렸다. 자리에 없던 담당자가 내가 준 자료를 보고 곧바로 전화를 준 것이었다. 전화를 받자 그 직원은 흥분된 목소리로 쏘아붙이기 시작했다. '자신들이 오랜 기간 감사한 결과에 대해 함부로 잘못되었다고 주장하는 것은 받아들일 수 없다. 그렇게 주장하는 것에 대한 책임을 묻겠다.'라며 흥분하여 소리친 후 전화를 끊었다.

기분이 몹시 상했지만 틀린 결과를 받아들일 수 없었기에 '니 맘대로 해라.'라고 속으로 생각하며 퇴근을 했다. 회사를 나와 차를 몰고 10분쯤 가고 있을 때였다. 부행장 한 분으로부터 핸드폰으로 전화가 왔다. 그 부행장은 지금까지 나와 같이 근무해 본적은 없지만 업무 지식이 해박하고 후배들로부터 존경받는 분이셨는데, 차분한 어조로 '감사와 관련하여 문제가 생겼다던데 맞는지?'를 물었다. 나는 맞다고 대답하며 지금까지 있었던 일을 간략하게 말씀드렸다. 나의 말을 끝까지 듣고 난 후, 그분은 'ㅇㅇㅇ 입장이 매우 난처하게 되었다'고 말씀하시면서 '이번 건을 그냥 받아들이면 어떠냐?'고 물었다. 나는 '그렇게 할 수 없습니다. 우리가 타행보다 급여가 낮은 건 동종 업계 종사자라면 모두 알고 있는 사실인데 그냥 넘어갈 수 없습니다.'라고 대답했다. 그러자 그분도 내 의견을 존중해 주시면서 '그래 알았어.'라며 전화를 끊었다. 나는 그 다음날 ㅇㅇㅇ로 불려 가는 것을 시작으로 많은 고초를 겪어야 했다. 하지만 그런 요란스러운 사건 덕분에 우리 회사에게 유리한 방향으로 마무리를 잘 할 수 있었다.

평소에 내 나름의 생활 기준(竹)을 만들어 두지 않았더라면 언제나 편한 쪽으로 생각하고 행동했을 거라 생각한다. 그런 기준으로 인해 힘든 일을 경험하기도 했지만, 이 단순한 글자 한 자(竹)는 항상 나를 지탱시켜 주는 보이지 않은 기둥이 된 것은 틀림없는 사실이다.

회사원이든 아니든 상관없다. 내가 지키고 싶은 삶의 기준을 하나쯤 만들어 살아간다면 멋진 자신을 만나 볼 수 있을 거라 생각한다. 특히, 회사 초년생일 때부터 자신의 삶의 철학을 담은 기준을 만들고, 지키려고 노력한다면 어떤 상황에서도 자신감 넘치는 회사 생활을 할 수 있을 것이라 확신한다.

'나의 골프백에 적혀 있는 이름은 "오죽"이다.
카운터에서 내 이름이 "오죽"이라고 말하면 직원들이 나를 힐끗 쳐다 보곤 한다.
웃기는 이름을 가졌다는 듯….
캐디분이 진지하게 묻는다. 본명이냐고.
나는 우리 부모님 덕에 좋은 이름 가졌다고 대답한다.
동반자들도 항상 묻는다. 왜 오죽이라 이름 지었냐고.
골프를 '오죽' 못 쳤으면 그렇게 지었겠냐고 나는 웃으면서 말한다.
이래저래 오죽은 나 자신이 되어 간다. 나의 삶의 기준이 나자신이 되었다.'

"내가 지키고 싶은 삶의 기준을 하나쯤 만들자."

약간의 용기를 낸다면 멋있고 당당한 자신을 보게 될 것이다.

1. 이리 재고 저리 재면서 고민만 하지 말고, 그냥 '에라 모르겠다. 한번 해보재!'

2. 동료가 어렵다고 피하기보다, 술 한잔한 듯한 기분으로 다가가 보자.

3. 간절히 바라는 것이 있다면, 기회를 잡을 준비와 과감한 행동을 해보자.

4. 중요하지 않거나 지킬 필요 없는 약속이란 없다. 혼잣말로 한 약속도 지켜야 한다.

5. 삶의 철학을 담은 기준을 세워 두는 것만으로도 힘든 상황이 닥쳤을 때 큰 도움이 된다.

Chapter 3

와이즈 워크(Wise work):
현명함으로 신뢰받기

1.

갑의 위치에 있더라도 갑질은 하지 마라

*"부서 이동으로 드디어 갑의 위치에 왔다고 은근히 좋아했는데, 을
이 되어 고개 숙여 있는 자신을 보고 헛웃음 지었다. 내가 갑인 것
같은데….."*

세상은 평등하다. 모든 사람에게 동일한 기회가 주어지고 무엇이든
자유롭게 할 수 있는 지금의 세상은 매우 평등하다. 이렇게 생각하면
착각이다.

갑질 당한 경험이 뇌리에 깊이 박혀서인지 한때 농담삼아 동료들에
게 '나중에 내가 책을 쓴다면 책 제목을 "갑으로 살고 싶다"로 할 것'이
라며 너스레를 떨곤 했다. 이 세상은 수많은 불평등한 것들로 이루어져

있다. 뻔히 보이는 불평등이 있는가 하면 세밀히 들여다봐야 보이는 불평등도 많이 있다. 크게는 국가 간의 불평등부터 조직 간, 개인 간의 불평등 등 수도 없이 많은 불평등이 있다. 불평등은 갑과 을의 관계를 명확하게 해준다.

태생부터 갑의 위치에 있다고 해서 그 조직원들이 우월감을 가지고 갑질 행동을 하는 것은 아니다. 그런 갑질은 개인의 성향에 따라 많은 차이가 난다. 대부분의 사람들은 상대방을 배려하며 산다. 뭔가 부족하거나 불안한 사람들이 갑질을 함으로써 자신의 존재감을 드러내려는 것 같다.

어느 날 우리 회사 직원이 ○○○직원으로부터 전화를 받았다. '○○○채용은 의무 비율인데 왜 비율을 맞추지 못했냐?'라며 우리 직원에게 화를 내며 소리쳤다. 그러면서 덧붙여 '행장이 그렇게 세냐? 왜 비율을 채우지 않느냐? 행장이 세냐 내가 세냐 한 번 해보자.'라고 전투적이고 위협적인 말로 직원을 겁박하며, 올해 내로 의무 비율만큼 늘리라고 소리치며 방방 뛰었다.

우리 직원이 이런 말을 듣고 화나기보다 회사에 불이익이 올까 봐 걱정되어 내 사무실로 급히 뛰어들어와 그런 사실을 보고했다. 우리도 최선을 다해 의무 비율을 맞추려고 각종 혜택을 주면서까지 노력하고 있는데, 인품 좋으신 우리 회사 대장님을 무시하며 안하무인격으로 말했다는 걸 보고받자 화가 났지만, 보고하러 온 직원에게 웃으며 말했다. 속 시원하게 같이 욕이나 하자고…. '야 이 나쁜 XX야. 말을 고따구로 하냐? 우리도 눈물 나게 노력하고 있거든. 니가 와서 해봐라. XX야!!!' 라고.

물론 그 높으신 분이 우리가 욕하는 것을 들을 리야 없겠지만, 남의 회사 대장님을 우습게 보며 소리치는 것을 들은 우리 회사 직원의 심정은 어떻겠는가? 말이란 것이 창칼보다 더 날카롭고 강력한데, 갑질도 이런 갑질이 없다.

회사 생활을 하다 보면 잊을 만하면 이런 경험을 하게 되지만, 다행히 많은 경험으로 맷집이 생겨서인지, 아니면 어차피 우리가 울트라 수퍼 을이 될 수밖에 없다는 자포자기 심정이라서인지 기관 대 기관으로서 느끼는 갑질은 허공에 대고 욕 한번 하면 풀린다.

하지만, 회사 내부 갑질은 참 힘든 일이다. 지금은 많이 개선되었다고는 하나 여전히 말 못 하는 갑질 행위들이 많이 있다. 요즘은 갑과 을의 관계가 모호해졌다. 수퍼 갑일 것 같은 위치에 있는데도 갑질을 당한다. 갑의 위치에 올랐다고 속으로 은근히 좋아했는데, 을이 되어 있는 모습을 자주 발견하곤 '이게 뭐지? 내가 갑인 것 같은데 왜 이렇게 당하고만 있지?'라고 생각하며 헛웃음을 짓곤 한다.

어떤 회사든 인사업무를 담당하는 사람은 수퍼 갑일 거라 생각한다. 완벽하게 맞는 말은 아니다. 일부는 맞고 일부는 틀린 말이다. 더 센 갑들이 많기 때문이다. 대체로 모든 직원이 승진이나 이동에 대한 각자의 바람이 있고, 이런 바람을 인사 담당자가 좌지우지할 수 있는 힘있는 위치에 있다고 생각하기 때문에 저절로 갑의 위치에 오른 것이다. 하지만, 인사 업무를 담당한다고 해서 무조건 갑이 되지 않는다. 오히려 인사 담당자에게 큰소리치는 직원도 상당히 많이 있다. 결국, 갑질 하는 못된 행동을 아무렇지도 않게 한다면 어떤 업무를 담당하더라도 못된 갑의 위치에 있는 것이다.

인사업무를 담당하는 금융회사 직원들을 만나 얘기한 적이 있었는데, A사 인사 담당자가 흥분하며 말했다. '인사 준비를 하고 있는데, 차 한잔 하자며 노조직원이 찾아와서 수많은 이름이 적혀 있는 용지 몇 장을 슬쩍 내밀었다. 용지를 자세히 들여다보니 직급별 승진 및 이동 요구자 명단이었다. 깨알 같은 글씨로 이렇게 많은 사람 이름을 적어와서 승진시켜 달라고 하면, 정말 일 잘하고 열정적인 직원들은 어떻 하라고…. 웃음이 나왔다.

명단에 적힌 직원들의 면면을 알 수 없었기에 두고 가라고 했다. 그리고 실무자를 불러 그 직원들 한 명 한 명에 대해 파악하도록 시켰다. 대상자가 수십 명이나 되었기 때문에 파악하는 데 많은 시간이 걸렸다. 적혀 있는 대상자 중에는 일 잘하고 승진 타이밍도 적절한 직원도 있었지만, 대부분의 직원은 이런 저런 문제점을 가지고 있었다.

어느 정도 시간이 지난 후, 노조 직원을 방으로 불러 한 명 한 명 불가한 이유를 설명했다. 그때부터 노조 직원은 본인들이 원하는 대로 해내 놓으라며 속된 말로 곤조를 부리기 시작했다. 지루한 싸움의 시작이었다. 명단 속에 들어 있는 직원 중 일 잘하고 승진 시기가 된 몇 사람은 긍정적으로 검토해 보겠으나 다른 사람은 안된다고 말 했지만 노조 직원은 집요하게 요구했고, 밤 늦은 시간에도 전화를 해서 자신들의 요구사항을 관철시키려 했다. 가끔씩 잠자고 있는 한밤중에도 전화를 했다. 아내가 '회사일 혼자 다 하느냐?'며 짜증을 냈다. 참 예의라곤 모기 눈곱만큼도 없는 사람들이었다.

아무리 우겨도 끝까지 안된다고 하자 임원분들에게 요구하겠다고 겁박 아닌 겁박을 했지만 '니 맘대로 하세요.'라고 생각하며 무시했다. 마치 맡겨둔 물건을 돌려 달라는 듯한 뻔뻔한 태도는 갑질을 넘어 거의 행패부리는 수준이었다.

정당한 요구 사항은 소비자의 당연한 권리이 듯, 노사 관계에서 노조의 합리적인 요구는 사측에서도 진지하게 받아들여야 하고 그렇게 하려고 노력해 왔다. 하지만, 혜택을 보는 몇몇 직원 외에 어느 직원도 동의하지 않을 사항을 요구한 후 무조건 해내 놓으라는 것은 상식 없는 짓이라 생각하는데, 인사 시즌만 되면 이런 갑질이 악몽처럼 반복되었다. 최악의 갑을 만난 평범한 갑의 슬픈 현실을 뼈저리게 경험했다.' 그렇게 한참을 흥분하며 말한 후, A사 인사담당자는 '아마, 노조의 무대포 식 갑질은 모든 회사에서 경험하고 있을 거라 생각된다'고 덧붙이며 함께 있던 사람들을 쳐다보았다.

어느 조직이든 찐 갑이 될 수밖에 없는 인사 담당자들조차 을의 서러움을 하소연하는데, 평범한 을들의 운명이야 오죽할까?

회사 생활을 하다 보면 소소하게 갑질 당하는 느낌을 수없이 많이 받게 된다. 갑작스러운 거액 연체 발생으로 경영평가 목표를 조정 받으려고 본점 목표 배정 담당자에게 긴장해서 전화를 하면, 전화기 화면을 쳐다보지도 않고 딱딱한 목소리로 이유조차 설명 없이 거절하는 그분, 불합리한 제도를 개선해 볼 생각으로 담당 부서에 문의했지만 여전히 감감무소식인 그분, 갑자기 전화해서 뭘 해내 놓으라고 강압적으로 말하는 본부 그분, 상식적으로 할 수 있다는 것을 알고 있음에도 불구하고 무조건 안된다고 잡아떼는 그분들 등등

이런 갑질은 다양한 사람과 수많은 조직이 이런 저런 일로 얽혀 있다면 필연적으로 일어날 수밖에 없다. 아마 극히 일부의 사람들이 저지르는 못된 갑질 행위일 거라 생각한다. 결국 조직의 문제라기보다 개인의 인성이 문제인 것이다. 항상 겸손하고 배려하는 마음이 있다면, 어떤 위치에 있던 결코 갑질을 하지는 않을 것이다.

이렇게 말하는 나도 끔찍한 갑질을 시도한 기억이 있다. 본부장이 되면 고객을 만나고 발로 뛰는 영업을 하라고 차량이 나온다. 그 차를 내가 살던 아파트에 주차 등록하기 위해 아파트 관리 사무실에 갔다. '제가 타는 차가 바뀌어 새 차 번호를 등록하고 싶다'고 하자, 관리 사무소에서 재직 증명서를 가져오라고 했다. 기존에 등록된 차를 새 차로 바꾸어 등록하는데 내가 어느 회사 다니는지를 증명해야 하는 것이 이해되지 않았다. '왜 그런 자료를 요구하느냐'고 묻자 관리규약에 따라 그 서류를 요구하고 있다고 했다. 이해할 수 없어서 관리규약 한 부를 달라고 하여 집에 와서 꼼꼼히 읽어 보았다. 그런데, 정말로 관리규약에 '회사명의 차량을 주차 등록하기 위해 재직 증명서가 필요하다'고 되어 있었다.

내 아파트에서, 배정된 주차 공간에 내 차를 주차 등록하는데, 재직 사항과 같은 중요 개인 정보를 알려달라는 것을 도저히 이해할 수 없었다. 그래서 다시 한번 관리규약을 꼼꼼히 읽어보았다. 그런데 관리규약에는 입주민의 권한이 많이 적혀 있었다.

다음날, 아침 일찍 관리 사무소로 가서 관리 소장 면담을 요청했다. 관리 소장을 만나자 마자 테이블에 관리규약을 펼치며 '어제 우리 아파트의 주차 공간이 부족하니 차량 관리를 엄격히 해야 한다고 말했다. 그리고 관리규약에 따라 재직 증명서를 제출해야 한다고도 했다. 나 역시 관리규약에 그런 내용이 있는 것을 확인했다. 그런데 주차 공간이 부족한 이유를 모르겠다. 그래서 아파트 주차장 이용 현황에 대해 알고 싶어 자료 요청하겠다.'라고 말하며, 아파트 관리규약에 명시되어 있는 입주민의 권한을 충분히 활용하여 관리 사무소 직원이 감당할 수 없을 만큼의 자료를 요청했다. 제대로 된 자료를 만들려면 몇 날 며칠이 걸릴 수 있는 양이었다. 그리고 서류 복사비용으로 10만 원을 주고 회사로 향했다.

관리 사무소를 나와 약 10분쯤 차를 달렸을 때, 핸드폰 전화가 울렸다. '여보세요.'

'저, 관리 소장인데요. 이번에는 차를 그냥 등록해 드릴게요. 자료 요구를 철회해 주세요.'라고 머뭇거리며 말했다. 심통이 덜 풀린 상태였기에 '안됩니다. 자료 만들어 주세요.'라고 소리치고 싶었지만, 괜히 애꿎은 직원들만 힘들게 하는 것 같아 '알겠어요, 그렇게 합시다.'라고 말했다. 그날부터 내 차는 자유롭게 아파트 주차장을 출입할 수 있었다. 되돌아보면 나도 규정을 핑계 삼아 엄청난 갑질을 한 것이었다. 그 아파트에 살면서 항상 관리소 직원들에게 미안한 마음을 가졌다.

회사원으로 산다는 것은 수많은 사람, 수많은 조직과의 관계 속에 때로는 갑이 되고 때로는 을이 되어 살아 갈 수밖에 없다는 의미다. 갑의 위치에 있다고 해서 세상 모든 것을 가진 듯 오만 방자하게 행동하는 것은 정신적 불구자들이나 하는 행동이다. 갑의 위치에 있든 을의 위치에 있든 상대방의 가치를 인정해 주고 변함없는 모습으로 대해 주도록 노력하면 좋겠다.

어느 날은 갑이라서 기분이 찝찝하고, 어느 날은 을이 되어 눈물 흘린다.

갑이 되든 을이 되든 기분은 썩 좋지 않다. 그래도 을보다는 갑이 낫다.

하지만, 갑의 위치에 있더라도 갑질은 하지 말자.

"정당한 갑질도 갑질이다. 상대방을 이해하고 배려하는 태도를 갖는 것이 갑으로 사는 길이다."

2.

거래처와의 관계를 명확히 하자

"세상에 공짜 점심이 어디 있나? 하나를 받으면 최소 열을 내줘야
공짜 점심의 굴레에서 벗어날 수 있다. 가오 빠지는 일 하지 말자."

'세상이 나를 중심으로 움직이는 것 같지?
내가 무슨 짓을 해도 아무 문제 없을 것 같지?'
그럴지도 모른다.
아주, 아주 많이 운이 좋으면.
하지만, 그런 운을 몇 명이나 가지고 있을까?'

회사원이라면 자신의 본분을 잊지 말아야 한다. 반드시 넘지 말아야
할 선을 정하고 지켜야 한다. 그것이 데드라인이다. 죽음의 선인 것이

다. 항상 그 선 안쪽에 있는 것이 신상에 좋다. 회사 생활하면서 거래처와의 관계는 날카로운 칼날 위를 걷는 것과 같다. 약간의 균형이 무너지거나 칼날에 접촉된 발의 힘이 달라지면 가차 없이 몸을 상하게 할 수 있다. 항상 거래처와의 관계를 명확히 하는 것이 좋겠다.

기업이 이윤을 추구하는 조직이란 것은 누구나 알고 있다. 이윤을 추구한다는 것은 가능하면 최소 비용으로 최대의 수익을 얻어야만 더 효율적이고 바람직한 기업 활동이란 의미일 것이다. 회사 생활을 하면 이런 기업들과 공적이거나 사적인 관계를 맺을 수밖에 없다. 무슨 일이든 사람이 나서서 풀어가지 않으면 안 되는 것이 현실이기 때문이다.

특히 금융권은 너무나 많은 거래처가 있다. 그 많은 거래처 중 대다수가 회사 설립에 필요해서, 물품 구입대금 결제를 위해서, 사업을 확장하기 위해서, 새로운 공장을 짓기 위해서 등 기업 성장이나 유지에 필요한 자금을 조달하기 위해 금융권을 이용한다. 결국 돈이 상호 관계의 중요한 매개체이다.

대부분의 금융 종사자들은 자금이 필요한 기업에 적절한 시기에 필요한 자금을 공급해 줌으로써 회사가 성장하는 것을 보면 왠지 모를 뿌듯한 느낌을 갖는다. 모임에 가면 마치 자신이 그 회사를 키웠다는 듯이 거품물고 자랑하는 금융맨들을 심심찮게 볼 수 있다. 하지만, 대출을 받기 위해 본점 승인을 받는 등 온갖 노력을 다해 자금 지원한 회사가 사업이 잘 되지 않아 어느 날 사업을 접거나 부도 처리되었다는 것을 알게 되면 안타까운 맘으로 우울한 하루를 보내곤 한다.

자연스럽게 금융 종사자는 기업과 돈 사이에 위태롭게 설 수밖에 없다. 이 때 중요한 것이 금융 종사자의 올바른 마음가짐이다. 너무 사무적이고 고압적인 자세로 거래 관계자를 대한다면 다양한 사유로 금융회사를 찾아온 수많은 사업자들의 사기를 꺾는 등 절망감을 줄 수 있을 뿐 아니라, 몸담고 있는 금융회사의 성장을 저해하고 회사 이미지에도 좋지 않은 영향을 줄 수 있다. 반면, 너무 깊숙한 관계를 맺는 순간 각종 유착관련 비리가 발생할 여지가 있다. 마치 날카로운 칼날위를 걷는 심정으로 자신의 위치를 점검하고 또 점검해야 하는 것이다. 거래 회사와의 관계를 어떻게 유지해 나갈 것인지에 대한 자신만의 기준을 명확히 설정할 필요가 있다.

'규정을 지키며 일했는데 문제가 있겠어? 어려운 회사를 도와준 것뿐인데 왜 문제 삼나? 열심히 하는 걸 뻔히 지켜보고 결정했는데 문제될 것 없다.' 등등 수많은 사유로 자신의 행위를 정당화할 수 있을 것이다.

하지만 만 가지 정당한 이유가 있는 행동도 한가지 부적절한 사유로 엄청난 문제에 휘말릴 수 있는 것이 회사원의 운명이다. 파도 없는 잔잔한 바다는 뗏목을 탄 어린아이도 너그러이 받아주지만, 어느 순간 성나버린 바다는 수만 톤의 큰 배도 평형수가 약간이라도 부족한 것을 아는 순간, 사정없이 삼켜버린다.

회사원으로 사는 사람들의 운명은 그러한 것과 같다.

아주 오래전의 일이다. 조기 축구를 같이 했던 성정이 여리고 착한 직원이 있었다. 나보다 나이가 많았지만 나의 아들과 같은 학년인 아이가 있어 그럭저럭 가깝게 지내는 직원이었다. 어느 날 갑자기 그 직원이 후선 업무로 인사 발령이 났다. 특별히 회사에 해를 끼칠 일을 할 사람이 아니란 것을 잘 알고 있는 동료들은 매우 놀랐다. 직원들이 수근거리며 일에 집중을 못 하고 있을 때, 정보통으로 불리는 직원이 본점에서 근무하는 직원에게 들었다며, '그 직원은 거래 업체와 사적인 금전거래를 했기 때문에 후선으로 발령이 났다'고 말했다.

우리는 그 직원이 대출업무를 담당하고 있었기 때문에 거래업체로부터 돈을 빌렸다고 생각했다. 하지만 우리의 예상은 완전히 빗나갔다. 그 직원이 돈을 빌린 것이 아니라 거래업체에 돈을 빌려준 것이 문제가 된 것이었다.

사유는 이랬다.
월말이 되었는데 거래업체가 일시적인 자금 경색으로 대출 이자 중 일부 자금이 부족하여 연체될 위기에 처했다. 거래업체 사장님이 너무 열심히 회사를 위해 애쓰고 있는 것을 알고 있었고, 부족한 금액도 몇십 만원 소액이라 아무런 문제의식 없이 부족한 자금을 본인 돈으로 메꿔 연체되지 않도록 했던 것이다. 이렇게 연체를 막기 위해 부족한 자금을 대납한 것이 여러 차례 있었다.

　이런 형태의 업무가 어느 날 감사부서에 적발되어 조사를 한 결과, 거래업체에서 미안한 마음에 대납한 금액의 이자조로 약간의 금액을 추가하여 그 직원 통장으로 입금한 것이 발각되었다. 결국, 그 직원은 악의 없이 한 행위지만 자신의 행위에 책임을 질 수밖에 없었다. 그 후에도 이와 유사한 사건으로 문제가 된 직원이 생기다 보니 더 이상 놀라운 일도 아니게 되었다.

　처음부터 깊이 맺어진 인연이 어디 있겠는가? 처음에는 안면을 트고, 차 한잔하면서 나이, 고향, 학교 따지다 보면 이 인연, 저 인연 많이도 엮이는 것이 우리가 사는 세상이다. 오죽 했으면 "몇 다리 건너면 우리나라 사람 다 알 수 있다"고 하지 않나?

　이때부터 중요하다. '아이고, 이런 인연이 있습니까? 알고 보니 제가 아는 사람 친구네요. 학교 선배님이시네요. 제가 그 옆 마을에 살았지 뭡니까?' 등등. 인연도 이런 인연이…. 참 희한한 인연으로 엮였다고 생각하자 마음이 풀어지고, 공과 사의 구분은 폭우에 돌다리 쓸려 가듯 남은 것이 없다.

　'선배님, 오늘 저녁 한잔 어떻습니까?'
　'좋지, 동생. 오늘은 괜찮은 술집으로 가서 한잔 세게 빨자구.'

이렇게 몇 차례 같이 자리하다 보면, 어느 순간, 이런 말을 듣는다.

'선배님. 제가 사업 확장하려고 하는데 자금이 좀 필요합니다. 잘 좀 처리해 주십시오. 선배님만 믿습니다.'

'선배님, 지난번 받은 시설자금 2차 기성이 이런저런 사정으로 완성되지 못했습니다만 계획대로 기성액를 집행해 주시면 감사하겠습니다.'

이때 제정신 박힌 회사원이라면 당연히 규정에 따라 일을 처리하겠지만, 이미 거래업체와 밥 먹고 술 마시고 여러 관계를 맺어 온 용감한 회사원은 거절하지 못해, 결국 요구대로 해줄 수밖에 없다. 그런데, 한 번으로 끝날 것 같던 이런 요구가 점점 강도를 높여가며 계속되고 결국은 문제가 밖으로 드러난다. 그런 직원 앞에 기다리는 운명은 뻔하다.

회사 생활을 하면서 너무 사무적으로 사람들을 대하면 일처리가 매끄럽지 못하여 하고자 하는 일이 제대로 진행되지 않을 수도 있다. 어느 정도의 인간적인 관계를 맺는 것은 괜찮다고 본다. 그게 사람사는 세상이니까. 하지만 반드시 선을 넘지 말아야 한다는 것이다. 그 선의 기준은 법으로 정해질 수도, 회사 내규로 정해질 수도 있다. 설령 그런 내규가 없다면 상식적인 선에서 스스로 정해야 한다.

'만 원짜리 밥 한 그릇 먹는데 무슨 문제가 되겠어? 커피 한 잔인데 뭐.' 그런 금액이면 본인이 사줘라. 정이 없다 생각된다면, 또한 지속적인 관계를 맺고 싶다면 한 번 얻어먹으면 한 번 사라. 그러면 맘 편하지 않은가? 평생 월급쟁이로 산다는 것은 부자가 아니라 그냥 평범하게 산다는 것이다. 욕심 버리면 밥 먹고 살 정도는 된다. 돈이 없지 가오가 없는 것은 아니지 않나?

사줄 때는 반드시 증거를 남겨두면 좋다.

| 증거를 남겨야 하는 이유

모든 문제의 원인은 과거의 일이다. 길에서 노상 방뇨하거나 남을 해코지하는 순간 경찰에게 걸리지 않은 이상 문제의 원인은 과거 내가 했던 일에 있다. 잘못된 행위로 조사를 받게 되면 문제를 일으키지 않았고 정당하게 일했다는 것을 본인이 증명해야 한다. 그런데 어제 했던 일도 기억이 나지 않는데, 몇 년 전 했던 일을 어떻게 기억하겠는가? 특히 돈과 관련된 일은 근거를 남기지 않으면 증명하는 것은 매우 어렵다.

십여 년 전, 외부 감독기관에서 어느 지점장 개인에 대한 조사를 했다. 지점을 거래하는 회사의 여직원이 '은행 지점장이 본인 돈을 내지 않고 골프를 쳤다'고 감독기관에 민원을 넣었기 때문이었다. 그 지점장은 매우 억울해했다. 왜냐하면, 그 지점장은 여러 사람들과 골프를 치기 전, 골프비용보다 더 많은 돈이 들어가는 식사비를 내는 것으로 역할을 분담한 후 골프를 쳤는데, 공짜로 골프 접대 받았다고 하니 억울할 수밖에 없었다. 하지만 현금으로 처리하였기에 그러한 내용을 증명할 수 없었다. 근거를 제시하지 못하자 결국 그 지점장은 중징계를 받았다.

너무나 억울하지만 그것이 현실인 것을….

"회사와의 관계에서 넘지 말아야 할 선은 반드시 지키자."

3.

사람의 본래 모습을 보기 위해 노력하자

"말이 쉽지 사람 속을 어떻게 알겠나? 매사 내 고집 버리고 조심 조심 꼼꼼히 듣고 살필 수밖에…."

'사람을 보는 것은 흐릿한 거울 속에,
일렁이는 물결 속에 비친 모습을 보는 것과 같다.
아무리 제대로 된 모습을 보고 싶어도
보는 사람에 따라 천만 가지 모습으로 보인다.

웃는 듯 화난 모습.
선한 듯 악한 모습.
무뚝뚝한 듯 다정한 모습.

마치 문 틈 사이로 세상을 보는 듯하다.

언제 다 볼 수 있을까?

언제 제대로 볼 수 있을까?'

세상 모든 사람은 어머니의 사랑과 헌신이 담긴 탯줄을 끊고 세상에 큰소리로 태어남을 신고한 후, 8월 장마철 계곡물처럼 세상을 경험하는 길고 긴 과정을 거쳐 다시금 제자리로 돌아간다. 그 모든 과정에는 너무나 많은 다양한 사람들이 덩굴처럼 서로 얽혀져 있다. 가정에서, 학교에서, 그리고 다양한 사회생활을 하며 죽을 때까지 사람들과 부딪히고, 느끼고, 판단한다. 그 판단에 따라 좋다, 나쁘다, 호감 간다, 호감이 가지 않는다 등등의 마음을 가진다. 어떤 때는 너무나 확고한 믿음으로 타인을 가까이하고, 어떤 때는 알 수 없는 불신으로 가까이하는 것을 꺼린다.

사람을 판단하는 것은 주관적이다. 자신이 살아오면서 직간접적으로 경험한 것에 따라 판단 기준이 만들어지는데, 아무리 객관적인 기준을 만들어 둔다 한들 그것을 지켜가며 사람을 판단하는 것은 쉽지 않다. 하지만, 꾸준히 노력하면 사람을 판단하는 능력이 조금씩 좋아질 수 있다고 생각한다.

태어나고 자라면서 가지게 된 사람의 본성은 바뀌지 않는다. 다만 잘 포장하거나 보이지 않은 곳에 숨겨 드러나지 않게 할 뿐이다. 이렇게 본성을 포장하여 모든 사람들을 감쪽같이 속일 수 있는 기술을 가진 것이 사람이다. 숨결은 거칠고 불 같이 타오르는데 겉은 마치 고요한 바다와 같은 모습을 보여 줄 수 있고, 눈동자는 끊임없는 욕망으로 좌우로 굴리면서 마치 꽃이 만발한 푸른 대지의 아름답고 평온한 모습으로 포장할 수도 있다.

보이는 모습에 속아 낭패를 보고 후회를 하면서 살아가는 것 또한 인생의 한 부분이다. 차라리 눈과 귀가 없었더라면 겉모습에 현혹되어 후회하지는 않을 텐데…. 이러한 본모습을 아무리 단단한 껍질 속에 감춰두더라도 어느 순간 자신도 모르는 사이에 그 껍질을 뚫고 세상으로 고개를 내민다. 마치 해 뜨고 해 질 무렵 어른거리는 빛의 그림자와 같이 우리에게 다가온다. 이때 우리가 눈과 귀로만 사물을 판단한다면 지렁이가 용이 되어 있음을 보게 되고, 하루에 구만리를 나는 '붕'이라는 새가 가시덤불을 헤매는 참새로 보이기도 한다.

이러한 실수를 줄이기 위해 눈과 귀를 닫고 마음을 여는 끊임없는 노력을 해야 한다. 항상 내보이는 표면이 아니라 이면에 있는 그 사람의 본래 모습을 보는 연습을 해야 한다. 의도된 큰 행동보다 우연히 불쑥 나오는 조그만 행동에 관심을 갖는 것은 어떨까? 주변인들이나 멀리서 바라보는 위치에 있는 다양한 사람들의 판단에 귀를 기울여 보자. 항상 의심의 눈초리로 사람을 관찰할 수는 없지만, 말과 행동이 어느 정도 일치하는지 한 번쯤 되돌아 생각해 보자.'

하지만, 아무리 연습을 해도 사람의 본모습을 그렇게 쉽게 알 수 있겠는가? 말처럼 쉬우면 어느 누가 자신의 판단을 후회하고, 어리석음에 잠 못 드는 밤을 보내겠는가? 인생의 경험이 설익고 삶의 깊이가 가랑비 내린 냇물처럼 얕은 사람만 이런 어리석음을 경험할까? 많은 사람들은 인생을 오래 살거나 지위가 높이 올라 갈수록 지혜도 깊어지고 사람보는 눈도 좋아진다고 말을 한다. 과연 그럴까? 개인적인 생각으론 경험이 설익은 사람이나 인생을 장수한 거북이만큼 오래 산 사람이나 얼마나 큰 차이가 있을까 싶다?

소수의 사람들을 제외하면 대부분의 사람들은 사람을 판단하는 기준을 점점 자신의 좁은 시야에 맞추고 다른 사람들의 진실된 말에 귀를 닫아버린다. 듣고 싶은 것만 듣고 보고싶은 것만 보게 되는 것이다.

특히, 요즘같이 빠르고 다양한 소통채널은 사람의 겉모습이나 명성만을 보고 그 사람의 진짜 모습을 본 것 같은 착각을 하게 만든다. 소수의 사람뿐만 아니라 수많은 대중의 눈을 속일 수 있게 되었다. 마치 가스라이팅을 당한 것처럼 어떤 행동을 해도, 어떤 본모습을 보여 주어도 항상 최고의 모습으로 인식된다. 요즘의 세태가 그렇다.

내가 인사관련 업무를 하면서 가장 많이 본 것은 자신에게 잘 해준 사람에 대해 다른 사람들이 아무리 올바른 실체를 말해도 쉽게 믿지 않는다는 것이다. 그리고 시간이 지나 자신이 그토록 믿었던 사람의 실체를 경험하고 난 후, 그 사람을 욕하고 자신의 믿음을 후회한다.

인사철이 되면 본부장, 부행장이 자신이 관리하는 직원에 대한 승진 순위를 작성한 추천서를 인사부로 보낸다. 대다수의 사람은 그럭저럭 여러 참모들의 의견을 들은 후 인사평에 맞는 추천을 한다. 하지만 몇몇 사람은 얼토당토않는 사람을 잘한다고 추천하는 경우가 있다. 그것은 추천자의 사심이 많이 들어갔거나 직원을 잘못 경험하고 판단한 것이다. 승진에 가까워지니 자신의 본심을 속이고 가면으로 가득 찬 좋은 모습만 보인 결과일 가능성이 높다. 이럴 경우 추천자에게 '그 사람은 그렇게 평가받을 만한 사람이 아니다.'라고 말해도 쉽게 믿지 않거나 놀란 표정을 짓는다. 그 추천자가 경험한 것은 그 사람의 본심이 아니었기 때문이다.

사람을 제대로 보지 못한 것을 후회하게 되는 것 중 하나가 평생을 함께 근무할 직장 동료를 뽑는 채용이다. 몇 단계를 거쳐 검증된 사람들만 임원 면접을 받는다. 어찌보면 여러 사람들의 눈으로 여러 번 확인과 검증을 받았다고 볼 수 있다. 대부분 임원 면접 경쟁률은 높지 않다. 하지만 면접이 시작되면 바로 멘붕에 빠진다. 하나같이 반듯한 표정에 청산유수 같은 말솜씨, 학원에서 배운 듯한 답변 스킬.

한 사람당 주어진 5분에서 10분만으로는 도저히 판단할 수 없다. 하지만, 어쨌든 순서를 정해야 한다. 그 짧은 시간에 피면접자의 인성이

나 내면을 도대체 어떻게 알 수 있겠는가? 결국 입장하고 자리에 앉아 경청하고 답변하는 태도 목소리 등 겉으로 보인 모습의 단면이 판단의 중요한 기준이 될 수밖에 없다. 물론 질문에 대한 답변의 정확성 등등도 판단 근거가 되지만 그게 그렇게 중요한가? 이렇게 나름 심각한 과정을 거쳐 합격 불합격이 결정되고, 합격자는 짧지 않은 기간의 연수 과정을 거친 후 현장에 투입된다.

그때부터 본성이 드러나기 시작한다. 면접 때 그렇게 밝은 표정으로 웃음을 잃지 않던 그 순수한 모습은 어디로 가고 마치 자아를 잃어버린 듯한 멍하고 우울한 모습으로 직장 동료와 고객을 대하는 직원, 동료를 항상 먼저 생각하고 행동하던 면접 때의 멋진 모습과는 달리 옆 동료가 아무리 바쁘고 힘들어도 자신만 편하면 된다고 생각하고 행동하는 직원, 회사 모든 것이 불만으로 보이는 독특한 내면을 가진 직원, 회사에 뼈를 묻겠다고 각오에 각오를 거듭하던 그때의 모습과 달리 몇 십분 더 일했다고 불만 가득 화를 내는 직원.

사람이란 상황이 변하면 마음도 변하고, 마음이 변하면 행동도 변한다고 한다. 어느 특정한 상황에 놓여 있는 모습만으로 사람을 판단하기 어려운 것은 자명하다. 그렇더라도 '이들을 괜찮다고 합격점을 준 우리 면접자들의 눈은 어찌 이리도 수준 낮을까?'라며 자괴감을 느낀다.

아무리 악한 사람도 자신의 본모습을 감추고 좋은 모습만으로 호감을 살 수 있다. 그러한 것을 볼 능력 있는 눈을 갖지 못한 것이 인간의 한계다. 전문가가 여러 면접 스킬을 동원해서 자신만만하게 채용해도 결과는 비슷할 것이다. 이런 부족한 능력을 잘 알고 있기에 채용 면접을 봐 달라는 요청이 오면 '임원 면접까지 왔으면 어느 정도 검정된 것이니 질의 응답식 면접보다 목소리 큰 사람이나 술 잘 마시는 사람을 뽑든지, 아니면 지원서를 선풍기로 날려 가장 멀리 간 사람을 뽑는 것이 어떠냐?'고 농담 섞인 말을 하곤 한다. 참 어려운 것이 사람을 판단하고 결정을 내리는 일이다.

회사 생활하면서 가능하면 동료나 관계되는 사람들의 좋은 모습을 봐주기 위해 노력해야 한다. 하지만 너무 과하게 믿음으로써 간과하는 것은 없는지 한 번씩 점검해 보는 것도 좋을 것 같다. 단편적인 모습을 보고 사람의 전부를 판단한 순간 매우 우울한 결과만을 마주할 것이다.

특히, 회사원이라면 거래처와의 관계에서도 상대방을 세심히 파악하는 것은 매우 중요하다. 나의 친구나 직장 선배 중 짧지 않은 직장생활을 마무리하고 제2의 인생을 살고 있는 사람들이 많이 있다. 그들이 가장 후회하는 것이 사람을 제대로 알아보지 못했다는 것이다.

그런 사람들과 가끔씩 만나 술 한잔 기울이다 보면 의례히 자신의 어리석음을 하소연한다. 사기업이나 공무원 하면서 제법 잘 나갈 때, 이런 저런 사람들이 찾아와 관계를 맺고 싶어한다. 학교 동문이나 사회 친구, 거래 관계에 있는 사람 등 다양하다. 이런 사람들 중 'ㅇㅇ님, 마, 다니는 회사 마치면 나머지 인생 제가 책임지겠습니다. 편안히 즐기시면 됩니다.', '지금은 공무원이라 운동하기 어려운데 현직 떠나면 제가 한 달에 몇 번씩은 운동 모시겠습니다.'

그렇게 대접받던 친구들이 직장의 그늘을 벗어나 야인이 되어 울적한 시간을 보내고 있을 때, 나를 그렇게 생각했던 그때 그 사람들은 전화나 문자 한 통 없다. 혹시나 남아 있지나 않을까 하는 옛정을 생각하며 전화를 걸지만, 수화기 너머로 들려오는 '제가 회의 중이라 나중에 통화합시다.'라며 먼저 끊어져 버린 전화. 그리고 다시는 그의 목소리를 들을 수 없었다. 남겨진 것이라고는 길고 슬픈 아쉬움과 후회뿐…. 하지만, '그냥 무덤덤하게 찾아와 일을 보고 가던 사람들이 고생했다며, 울적하지 않냐며 전화하고 밥을 사주더라'고 말하며 쓸쓸한 웃음을 지었다.

내가 힘 있는 자리에 있을 때 나에게 하는 좋은 말은 나에게 하는 것이 아니라 내게 힘을 부여한 그 회사, 그 자리를 보고하는 말이다. "정승집 개가 죽으면 문상객들이 문지방 닳아 없어지도록 찾아오지만, 정승이 죽으면 개미 한 마리 얼씬하지 않는다."는 속담이 있다. 정승 집 개가 아닌 정승으로 살고 싶다면 사람의 본래 모습을 보는 연습을 하자.

사람을 제대로 보지 못하는 것은 범부들에 국한되지 않는다. 우리가 아는 공자님은 사람을 제대로 보지 못한 것을 자책하며 "유창한 말이 인성을 보장하지 않는다. 겉모양을 경계해야 한다"고 했고, 삼국지에 나오는 총명한 제갈공명도 사람을 제대로 파악하지 못하여 중요한 전쟁에서 패할 수밖에 없었다. 대표적인 것이 제갈공명이 남만을 정벌할 때, 적을 마음으로 복종시켜야 한다는 마속의 계책(모사의 능력)을 듣고 맹획을 일곱 번 놓아주고 일곱 번 생포(칠종칠금)하여 북벌의 기반을 다지게 되자, 실전 경험 없고 장수의 기질도 부족한 마속을 선봉부대 총대장으로 임명하여 실패하자 눈물을 머금고 책임을 물어야 했다. 우리가 책에서 많이 보았던 "읍참마속"의 고사성어를 탄생시킨 배경이기도 하다. 사람을 볼 때 겉모양이 아닌 내면의 가치와 인성, 즉 진실한지, 책임감이나 배려심이 있는지 등과 같은 것을 봐야 한다는 의미일 것이다.

중국 삼국시대 유소가 쓴 『인물지』에 의하면, 이렇게 사람을 잘 못 보는 대부분의 경우가 "여러 사람이 괜찮다고 말하기에 그렇게 판단하고, 겉모양을 보고 판단하거나 자신과 같은 스타일의 사람을 좋아하기 때문이다."라고 한다.

모든 사람은 순수하게 하나의 모습만 가지고 있지 않다. 여러 개의 모습을 가지고 있으면서 때와 상황에 따라 하나의 모습을 보여준다. 완벽한 사람을 찾으려고 할 필요는 없지만 여러 모습이 사람다운 모습을 가진 사람을 찾아 사귀는 것이 좋은 것 같다. 참 어려운 일이다.

이렇게 말하면서도 마음이 아파오는 이유는 왜일까?

"정승 집 개가 아닌 정승으로 살고 싶다면 사람의 본모습을 보는 연습을 하자."

4.

나의 기준을 타인에게 강요하지 말자

"선한 영향을 끼치는 일이니 모두가 좋아할 거라 생각하면 정말 바보다."

"아버지의 죽음보다 내 재물의 상실을 더 잊지 못한다."라는 글을 읽은 적이 있다. 참 맞는 말인 것 같다.

인간은 원초적으로 자신을 우선적으로 생각하는 이기적인 존재다.

자신의 영역을 지키며 편하게 지내고 싶어 할 뿐 아니라 채우고 또 채워도 채워지지 않는 욕망은 스스럼없이 타인의 것을 빼앗아 오고자 한다.

가끔씩 자신을 희생하면서까지 타인을 위해 평생을 몸바쳐 살아온 분들에 대한 이야기가 언론에 보도되기도 하지만, 대부분의 평범한 사람들에게는 이타적이란 말은 근본적으로 어울리지 않는다. 아무리 스스로 아니라고 우겨도 인간은 자신을 우선적으로 생각하는 매우 이기적인 동물인 것은 틀림없는 사실이다. 이러한 이기적인 인간들이 모여 겨우겨우 서로 맞춰 살아가는 것이 우리의 사회 생활이다.

하지만, 우리는 평소에 스스로 이기적이라는 사실을 까맣게 잊고 지낸다. 아마도 어릴 적부터 받아온 다양한 교육과 경험을 통해 다른 사람들의 감정이나 상황을 무시한 채 자신만 소중하다 생각하고 행동하는 사람은 함께하는 구성원들로부터 사랑도 인정도 받을 수 없다는 것을 알고 있기 때문인 것 같다.

그래서인지 사람들은 일상적인 생활에서 자신이 하고 싶은 것을 억누른 채 아무렇지 않은 표정으로 타인의 뜻에 맞춰 행동하곤 한다. 그러나 대부분의 경우, 사람들은 자신이 하고 싶은 대로 행동하고, 다른 사람들 또한 자신과 같은 방향으로 움직여 주길 바란다. 아마, 마음속으로는 내가 하고자 하는 것에는 타당한 명분이 있고 그 타당한 명분을 타인들 또한 당연히 좋아하고 따라올 거라 생각하는 것 같다.
참 이기적인 생각이다.

내가 좋아하고 일하는 방식이나 방향이 상식적으로 올바르다고 해서 다른 사람들도 나와 같은 생각을 할 거라는 착각은 하지 않았으면 좋겠다. 아무리 선한 의도를 가진 일이라도 함께하는 사람들의 공감을 얻지 못한다면 매우 이기적인 사람으로 생각될 것이다.

우리는 일상에서 알게 모르게 이런 이기적인 행동을 수없이 많이 하고 있다.

나 또한 내가 이기적인 행동을 한 후 깜짝 놀라서 후회도 하고, 다시는 그런 행동을 하지 않겠노라고 다짐한 경험이 헤아릴 수 없이 많이 있다.

북한산을 볼 때마다 아내에게 항상 미안한 마음이 드는 경험은 아직도 생생하다. 나는 한동안 북한산에 다니는 것을 좋아했다. 거의 매주 북한산에 갔다. 땀을 흘리며 정상에 올라, 서울을 가로지르는 한강 줄기와 거미줄처럼 엮여 있는 도로들, 깊은 숲속 빼곡히 들어찬 나무들처럼 빈틈없이 채워져 있는 아파트 건물들, 그 속에서 개미처럼 작게 보이는 차량들이 바삐 오가는 서울의 모습을 보는 것이 좋았다.

문수봉 정상에 올라 금방이라도 굴러 떨어질 듯한 큰 바위와 그 위를 날아다니는 까마귀들을 바라보거나, 북한산 백운대를 힘겹게 줄지어 올라가는 사람들과 줄 하나에 의지해 가파른 인수봉을 오르는 암벽 등반자들을 바라보는 것이 좋았다. 연인과 함께 북한산을 찾은 젊은 남자가 북한산 사모바위를 가리키며 바위 이름이 그렇게 불린 이유는 '옛날 어떤 여인이 길 떠나 돌아오지 않은 정인을 너무 사모하여 돌로 굳어져 생긴 바위.'라고 뻥치는 모습이 있는 산이라 좋았다.

숨을 헐떡이며 북한산에 올라가서 어느 바위에 누워, 파란 하늘을 배경으로 다양한 모양을 그리는 구름을 보며 구름점을 치는 재미는 특별하다.

'하늘을 본다.
파랑 바탕 위에 흰 물감을 뿌려 놓은 듯한 구름.
나는 이런 구름을 보는 것이 좋다.
정확히 말하면,
구름을 보며 그 모양을 느끼고 의미를 부여하는 것을 좋아한다.

강아지 구름, 용 구름, 쥐 구름.
번개를 닮은 구름, 얼굴 모양을 한 구름, 폭죽이 터지는 듯한 불꽃 모양의 구름. 다양한 모양의 구름이 나타났다 사라지기를 반복한다.

'우상향하며 비상하는 용 모양 구름을 보니 뭔가 좋은 일이 있겠군.
혀를 내밀고 할딱거리며 쫓아오는 강아지 구름을 보니 즐거운 일이 있을 거야.'

구름을 본다.
기분 좋은 바람 불어오는 바위에 누워 구름을 본다.
그 구름을 보며 구름점을 친다.

세상일이 즐겁다. 모든 일이 잘 될 것 같다.

오늘도 즐거움을 본다.

나는 행복하다.

이런 즐거움을 주는 북한산이 좋다.'

나는 북한산을 다니며 건강해졌다. 아름다운 북한산을 나혼자 보기 아까워 '언젠가는 아내에게 북한산의 아름다움을 보여줘야지.'라는 생각을 했다.

북한산은 누구에게나 즐거움과 행복을 주는 산이기에 당연히 아내도 즐거워할 거라 생각했다. 그래서 아내를 구슬리는 한편, 산행하기 어렵지 않은 산이라고 거짓말하여 함께 산행하겠다는 승낙을 얻어냈다.

등산코스는 진관사에서 사모바위를 찍고 내려오는 것이었는데. 그때가 겨울철이라 많이 미끄러웠다. 매번 다니는 북한산이었지만 그 코스는 꽤나 힘든 코스였다.

사실 아내는 등산하는 것을 좋아하지 않는다. 아마 연애할 때 이후로는 산 다운 산에 간 적이 없을 것이다. 더군다나 최근에는 무릎도 좋지 않아 산행이라면 질색을 하였다.

나의 사탕발림에 속아 즐거운 대화를 하며 진관사 주차장에 차를 주차한 후 씩씩하게 산행을 시작했다. 진관사를 지나자 바로 계단이 시작되었다. 무릎이 좋지 않은데 처음부터 계단이라니…. 몇 계단을 오르자 아내의 입에서 힘들다는 말이 바로 나왔다. 아직 시작도 하지 않았는데….

나는 '이 계단만 지나면 그리 힘들지 않아.'라고 말하며 천천히 올라 갔다. 그러나, 계단이 끝나기 무섭게 가파른 경사의 암벽을 가로지르는 코스가 나타났고, 군데군데 언 곳이 있어 다소 위험했지만 조심스럽게 건넜다. 쉬운 산행이라는 말을 믿고 따라 나섰는데 처음부터 힘들다 보니 아내의 불만은 내심 커졌지만 참고 말은 하지 않는 모습이었다.

숨을 거칠게 몰아 쉬며 중간 지점까지 올라가서 잠시 쉬는데, '왜 이렇게 힘들게 하느냐?'는 표정으로 아내는 나를 노려봤다. 뜨끔했다. 지금까지 온 길은 앞으로 갈 길에 비하면 어린아이 장난 수준이라 걱정되기도 했지만, 나는 '그렇게 힘든 코스가 아니니 걱정하지 말라'고 재차 말하며 아내의 눈치만 보았다. 맘 한편엔 내가 좋아하는 북한산 정상에서 바라보는 서울 시내의 아름다움을 아내에게 꼭 보여주겠다는 각오와 아내도 좋아할 거라는 확신이 있었다.

잠시 휴식을 취한 후, 평소에 내가 즐겨 다니던 짧은 코스를 선택해서 올라가기 시작했다. 사실 산에서 짧은 코스는 그만큼 가파르고 험난하다는 의미다. 아니나 다를까, 출발하여 몇십 미터 가지 않아 험한 암벽 등반이 시작되었다. 사실 나 혼자 다녀도 힘들고 어려운 코스였다. 올라가는 내내 아내는 말 한 마디 없었고 거친 숨만 내 쉴 뿐이었다. 아찔한 코스도 나왔다. 어렵게 어렵게 한 걸음씩 오른 후에야 겨우 정상에 다다랐다. 혼자 산행할 때, 천천히 가도 한 시간 반정도면 갈수 있는 곳인데 출발 후 약 3시간이 지나서야 겨우 정상에 도착할 수 있었다.

나는 눈치 없이 서울시내를 가리키며 멋진 서울의 모습을 보라고 말했지만, 지칠대로 지쳐버린 아내는 무표정한 얼굴로 숨만 할딱거리고 있었다. 나는 내가 좋아하는 산에 왔기에 기분이 한층 UP되어 싱글 벙글거리며 자리를 펴고 싸온 음식물을 펼친 후 아내에게 먹어보라고 말했다. 아내는 퉁명스럽게 '먹을 상태가 아니다.'라고 말했다. 얼굴 표정은 매우 화나 있었다. 곧 폭발할 것 같은 모습이었다. 그제서야 괜히 미안한 맘이 들었다.

'사실 내려가는 길은 어찌 보면 더 험하고 위험한데.'라고 생각하니 준비해 온 음식마저 거추장스럽게 느껴졌다. 서울 구경이고 뭐고 더 이상 말도 꺼내지 못한 채, 아내 눈치만 보며 잠깐 휴식을 취한 후 하산을 시작했다. 아내는 올라갈 때보다 잘 걸었다. 다행이다 싶은 생각이 들때쯤 엄청 가팔라 줄을 잡고 내려가야 하는 곳에 도착했다. 거의 유격 훈련장 같은 곳이었다. 드디어 아내가 나를 노려보며 입을 열었다. '왜 이렇게 힘든 곳으로 데려왔느냐?' 이미 죄인이 되어 버린 나는 할 말이 없다. 걱정과 미안한 마음뿐이었다. 다행히 그 유격장 같은 내리막 코스도 사고 없이 무사히 내려왔다.

집에 오는 내내 아내는 아무 말이 없었고 그렇게 며칠 동안 묵언의 시간을 보냈다. 그 후 아내는 더 이상 산에 가지 않는다. 평지만 걷는다. '내가 아무리 좋아하고 아내에게 보여주고 싶은 마음이 간절하더라도 아내의 수준에 맞는 산행이었으면 좋았을 텐데.'라는 후회를 하였지만 돌이킬 수 없었다.

　우리들이 하루의 대부분을 보내는 회사에서도 타인을 배려하지 못하는 이기적인 상황을 많이 경험한다. 내가 그런 상황을 만들어 동료들의 기분을 상하게 할 수도 있고 다른 동료들이 만든 상황에서 마음의 상처를 받을 수도 있다.

　언젠가, 같은 사무실에 있는 동료가 씩씩거리며 화를 내고 있길래 물어보니, 다른 파트 직원이 자신이 담당하는 일에 대해 한 마디 상의도 없이 기획서를 작성하여 전결권자에게 보고 후, 일방적으로 자기에게 그 내용을 알려 주었다고 한다. 물론, 본인이 생각하고 있던 내용이 많이 반영되어 있어 잘 작성된 기획서라고 생각되지만 사전에 한 마디 협의도 없이 그렇게 한 것이 매우 이기적이고 싸가지가 없는 짓이라고 생각되어 씩씩거리고 있었던 것이었다.

　아마 다른 파트 직원은 자신이 기획서를 작성하는 김에 동료의 수고를 들어주기 위한 선의의 행동일 수도 있었겠지만, 그런 선의를 다른 동료가 어떻게 알겠는가? 아무리 좋은 의도를 가졌더라도 한 마디 상의라도 했더라면….

　회사 생활을 하다 보면 업무적인 일 이외의 상황에서도 이기적인 모습을 볼 수 있다. 특히 고생한 동료들과 함께하는 술 문화에서 많이 볼 수 있는데 그 대표적인 것이 건배 후 술잔을 비우는 것이다.

요즘은 많이 개선되었다 하지만 아직도 건배 후 술잔을 비우는 것 때문에 많은 사람들이 힘들어 한다. 우리의 술 문화는 누군가 술잔을 들면 다같이 잔을 들어야 하고 잔을 비우면 술을 잘 마시든 아니든 함께 잔을 비워야 멋진 동료로 살아남을 수 있다. 어쩌다 잔을 비우지 않으면 꺾어 마신다고 핀잔을 주거나, 술은 마시지 않은 채 잔을 들었다 놓기를 반복한다고 '역도선수냐?'고 놀린다.

술을 해독하는 능력이 달라 누군가에게는 엄청난 고통을 줄 수 있을 텐데, 어떻게 든 같은 양을 마시기를 강요한다. 심한 경우 원 샷을 같이 하지 않으면 벌주를 마시라고 강요하는데, 마치 죽을 것 같다고 소리치는 사람에게 사약을 주는 것과 다를 바 없는 매우 이기적인 행동이다.

이건 선의를 가장한 고문이다.

내가 좋아한다고 다른 사람이 같이 좋아할 거라 생각하는 고약한 이기심이 웃으면서 타인을 고문하는 것이다.

우리는 알게 모르게 일상에서 자신의 기준에 남들이 따라와야 한다는 이기적인 행동을 거침없이 하고 있다. 이와 같은 이기적인 행동을 완벽하게 안 할 수는 없겠지만 무슨 일을 하든 상식에서 벗어나지 말아야 하고, 선의로 뭔가를 하더라도 충분히 상대방에게 그 내용을 설명하고 공감을 얻어야 멋진 동료로 기억될 수 있다.

'내가 좋아한다고 남들도 좋아할 거라 생각을 하면 바보다.

선한 영향을 끼치는 일이니 모두가 좋아할 거라 생각하면 그 또한 바보다.

이 세상에 동일 한 것은 없다. 생각하고 바라는 것이 다 다르다.

나를 따라오지 않는다고 타인을 욕하지 마라. 그 사람이 하고 싶어 하는 것은 나와 같지 않다. 다만, 공감하고 배려하는 마음이 있다면 즐겁게 나와 함께하는 사람들을 발견할 것이다.

"아무리 상식적인 선의의 행동이라도 미리 상대방의 공감을 얻도록 하자."

5.

신뢰를 잃지 않는 부탁의 기술

"참, 이상한 사람이란 말이야. 부탁 하나 안 들어줬다고 저렇게까지 삐쳐야 하나?"

'부장님, 이번에 이것 채택될 수 있도록 한번 애써 주십시오. 새로 진행하는 건이 잘되고 있는지 한번 알아봐 주세요. 누구 한번 만나게 해 주시죠. 승진, 이동할 수 있도록 말씀 한번 해 주세요.' 뭐 해주세요. 뭐 해주세요. 부탁이 끝이 없다.

부탁은 다른 사람에게 뭔가를 해 달라고 요청한다는 의미인데, 얼마나 친해야 부탁할 수 있을까? 아무리 별것 아닌 것이라도 일면식 없는 사람에게 무작정 부탁할 수 없는 노릇 아닌가?

아마 대부분의 사람들은 부탁이란 걸 쉽게 하지 못하는 것 같다. 그런 대부분의 사람들처럼 나도 부탁하는 것이 너무 어렵다. 아무리 사소한 부탁이라도 그 부탁을 받는 사람에게 너무 큰 민폐를 끼치는 느낌이다. 또한, '부탁을 했는데 안 된다고 하면 어쩌나? 부탁을 들어주지 못하면 상대방이 얼마나 미안해할까?'라는 생각에 아무리 사소한 부탁도 수십, 수백 번을 고민고민 하다가 어렵게 말을 꺼낸다. 엄청 친한 사이라도 그러한 마음은 변하지 않는 것 같다. 부탁할 때마다 갖는 미안함과 부담감이 매우 크다 보니 웬만하면 스스로 해결하기 위해 노력한다. 지금까지 그랬다.

그런데, 주변을 둘러보면 너무 쉽게, 자주 부탁하는 사람들을 볼 수 있다. '이것 좀 해 주세요. 저것 좀 해주세요.'라며 너무나도 쉽게 말한다. 처음에는 그럴 수 있겠다 싶어, '알았어요. 확인해 볼게요. 될 수 있도록 노력할게요.'라고 대답하며 해결해 주려고 최선을 다해 왔다. 그런데, 가만히 보면 부탁을 자주하는 사람은 스스로 노력해 보지도 않고 버릇처럼, 당연한 권리인 양 거리낌 없이 부탁을 한다. 부탁해 보고, 되면 좋고 안되면 말고 식인 것 같다. 어느 순간부터 그런 사람의 부탁은 심각하게 받아들이지 않고 그냥 '지나간 말로 부탁한 것이겠지.'라고 생각한다. 진지함과 신뢰가 없어졌다는 의미일 거다.

너무 성의 없이 툭툭 던지는, 아니면 말고 식의 부탁이나 빈번한 부탁은 부탁받는 사람 입장에서는 매우 부담스럽고 피곤한 것이어서 상호 신뢰를 깨트릴 수도 있다. 부탁하는 사람의 진심을 알 수 없으니 다른 사람과 관련이 있는 일이라면 발벗고 나서기가 꺼려진다. 무슨 실수를 할지 모를 일이기 때문이다.

하지만, 부탁을 너무 쉽게 생각해서도 안 되지만, 절대 할 수 없는 것으로 여길 필요도 없다. 스스로 많은 노력을 한 후 다른 사람의 힘을 빌리는 것이 효과적이라고 생각되는 상식적인 일을 간곡하게 부탁하는 것은 나쁘지 않다고 생각한다. 필요하다면 약간의 자존심을 내려두고 진정성 있게, 간곡한 마음으로 부탁해보자.

능력이 되어 부탁을 들어주는 경우나 불가피하게 부탁을 들어주지 못하더라도 최선을 다해주는 경우에는 서로 간에 보이지 않는 신뢰가 쌓일 수 있고 친밀감도 높아질 수 있다. 또한, 나에게 부탁하지 않을 것 같던 사람이 간절한 마음으로 부탁을 한다면 '얼마나 절박하면 내게 부탁할까?'라고 생각해서 더욱 열심히 그 부탁을 해결해 주기 위해 노력할 것이고, 그런 노력을 지켜본 부탁한 사람은 그 노력에 감사하는 맘을 가질 것이기 때문이다.

그런데 부탁을 할 때는 내용도 중요하다. 사회적 통념이나 상식을 벗어난 부탁은 매우 곤란하다. 비상식적인 부탁을 받는 순간 '뭐 이런 부탁을 하지?'라며 다소 과격한 말투로 거절하곤 한다. 그렇게 되면 서로에게 보이지 않는 불신이 생기고 어느 순간 좋지 않는 감정으로 서로를 바라보게 될 것이다.

아마, 부탁을 받았을 때 가장 중요한 것은 부탁을 해결해 줄 수 없거나 거절할 때인데, 이때 상대방에게 무안함을 주지 않으면서 서로에 대한 호감이 유지될 수 있도록 하기 위해 굉장한 노력과 기술이 필요하다.

내가 인사부로 자리를 옮긴 후, 어느 날 과거 같은 부서에서 근무했던 분이 나를 만나자고 했다. 점심때 식당에서 만나 간단한 식사를 하면서 과거 같은 부서에서 함께 했던 이런 저런 일들을 얘기했다. 화기애애한 분위기로 식사를 마치자 그 분은 본래 목적을 말하기 시작했다.
'아들이 이번에 학교를 졸업하는데 우리 회사에 들어올 수 있도록 애써달라'는 것이었다. 아마 서류 전형이나 면접 등에서 뭔가 바라는 눈치였는데, 아버지로서 자식을 걱정하는 맘은 충분히 이해할 수 있었다.

하지만, 그러한 것은 부탁을 통해서 할 수 있는 일을 넘어서는 것이라 생각되었다. 차라리 서류 전형이나 면접을 어떻게 하면 통과할 수 있는지 그 방법을 물었으면 좋았을 텐데….
절박한 심정은 이해가 되었지만 '뭐 이런 부탁을 하나?'라고 생각하며 우린 대화를 나눴다.
'무엇을 전공했나요?'
'금융과 전혀 관련 없는 분야를 공부를 했다.'
'그럼, 금융관련 자격증을 취득한 것이 있나요?'

'아직 자격증은 취득한 것은 없다.'

아무런 준비도 하지 않고 무작정 자식 취직을 부탁하다니 참 배짱 좋고 무대포라는 생각이 들었다.

소용돌이 치는 마음을 진정시키며 나는 단호히 말했다. '금융 회사에 들어오기 위한 준비가 전혀 되어 있지 않은 것 같은데, 현 상황에서는 서류 전형 통과도 어려울 것입니다. 자제분은 금융 쪽보다 전공 분야로 취업 진로를 정하는 것이 좋을 것 같습니다.'

그 순간, 부탁한 사람의 얼굴 표정이 바뀌었다. 본인이 원하는 대답이 아니었기 때문이다. 나도 그렇게 대답을 한 후 아차 싶었다. 상대방의 마음을 전혀 배려하지 못했기 때문이다. 차라리 '입사 첫 관문인 서류 전형에 필요한 준비가 전혀 되어있지 않아 쉽지 않은 것 같지만, 지금 부터라도 이런저런 준비를 하면 도움이 될 것 같다. 비록 금융관련 전공은 아니지만 충분히 은행에 들어올 수 있다. 우리 회사 잘 나가는 분들 중 금융과 관련 없는 분야를 전공하신 분도 많다. 자제분이 금융업에 관심이 있다면 지금부터 차근차근 준비해서 도전하면 좋은 결과가 있을 것이다.'라는 배려의 말을 했더라면 좋았을 텐데.

아마, 일상에서 대부분의 부탁은 들어주기 어려운 경우가 많아 불가피하게 거절하거나 안 되는 이유를 설명해야 한다. 이때 단호한 말투보다 들어주지 못한 안타까움과 함께 상대방이 이해할 수 있는 내용(거절 명분)을 찾아 설명해 주는 것이 효과적이고 관계 유지에 좋다. 급박한 마음으로 부탁을 하는데 건성으로 대하거나 어려운 사정을 배려하지 않은 것만큼 기분 나쁜 일도 없을 것이다.

웬만하면 부탁을 하지 않는 나지만 급한 맘에 어려운 부탁을 한 기억이 있다. 아들이 군에 가기전에 치아 임플란트를 위해 기초 작업을 하였다. 태어날 때부터 어금니를 포함하여 몇 개의 치아가 나지 않아, 임플란트를 하기 위해 뼈를 만들어야 했고, 그 뼈가 오랜 시간 동안 튼튼해질 때까지 기다려야 했다. 그래서 군 입대 전, 치조골을 만드는 수술을 하였다.

그런데, 훈련소를 마치고 이등병으로 근무하고 있을 때였다. 토요일이라 지인들과 운동을 하고 있는데 아내로부터 급한 전화가 왔다. 아들에게 전화가 왔는데, 임플란트를 준비하고 있는 이에 문제가 생겼다고 했다. 그래서 병원에 갈려고 외출 신청을 했는데 허락을 해 주지 않는다는 것이었다.

쉬는 날 운동하다 말고 군 생활을 하고 있는 아들의 문제를 스스로 해결할 수 있는 방법이 없어 답답하기만 하였다. 그때 지점장때 만나 인연을 이어오던 군 장성 한 분이 생각났다. 가끔 식사 정도 하며 인연을 이어오던 분이었는데 지금까지 한 번도 부탁한 적이 없는 사이였지만 급한 마음에 전화를 걸어 자초지종을 말하며 한번 알아봐 달라고 간곡히 부탁했다.

그날 일정을 모두 마친 후, 집에 가니 아내가 말한다. 아들이 무사히 치과에 다녀왔고 지금은 이상 없이 잘 지내고 있다는 전화가 왔다고 했다. 그 당시 내게 너무나 걱정되고 급박한 일이었는데 나의 부탁을 흔쾌히 해결해 준 그분이 고마웠다. 그 후 지금까지 좋은 인연을 이어가고 있다.

부탁을 하거나 받는 것은 부담스러울 수밖에 없다. 가능하면 부탁을 하기전에 스스로 할 수 있는 모든 노력을 해야 한다. 그렇게 했음에도 불구하고 해결할 수 없는 능력 밖의 일이라면 상식적으로 허용될 수 있는 범위내에서 타인의 능력을 활용하는 용기도 필요하다.

회사 생활을 하다 보면 부탁을 하거나 부탁을 받는 일들이 자주 발생한다. 업무적으로든 업무 외적으로든 각자가 할 수 있는 권한과 능력이 달라 해결할 수 없는 일들이 불가피하게 생길 수밖에 없기 때문이다. 이런 때, 상대방에 대한 배려 없이 마음 내키는 대로 대한다면 순식간에 인성이 별로인 직원으로 명성을 날리게 될 것이고 그 이후부터 회사생활은 순탄치만은 않게 될 것이다.

한 번쯤 나는 어떻게 해왔는지, 또 어떻게 할 것인지 생각해 볼 일이다.

"불가피하게 부탁을 들어주지 못하더라도 최선을 다해주는 모습을 보여주자."

6.

힘든 회사 생활을 대하는 마음가짐

"뭐 어쩌겠어. 자꾸 생각해 봐야 해결되는 건 없고 내 머리만 아프지."

'좋은 일이든 나쁜 일이든 시간이라는 터널을 지나면 수많은 추억 중 하나가 될 뿐, 시간은 모든 것을 덮어 버린다. 시간은 엄청난 속도로 반복되는 리셋 버튼이다. 리셋 버튼을 잊은 채 과거에 얽매여 산다면 그 과거는 자신을 삼켜버릴 것이다.'

회사 생활을 하다 보면 불가능 할 것 같은 프로젝트를 매끄럽게 성공시켜 깐깐하던 상사로부터 폭풍 칭찬을 받거나, 길고 긴 기다림 끝에 승진하여 아내와 아이들에게 '나 승진했어!'라는 전화를 할 때, 그 성취감과 행복감은 영원히 잊을 수 없을 것이다.

반면, 마음 맞지 않은 상사를 만나 사사건건 간섭당하는 고통, 개진상 고객에게 막말을 들으며 느끼는 모멸감을 경험할 때면 '내가 왜 이렇게 살지? 이렇게 회사 생활해야 하나?'라는 자괴감과 이런 상황에서도 아무것도 할 수 없는 무력감으로 잠 못 드는 밤을 보낸다. 세상살이 참 힘들다고 생각하면서….

회사원의 삶은 짧은 기쁨과 끊임없는 고난의 연속이다.
좋은 일이 생기면 즐길 수 있을 만큼 맘껏 즐기자.
그 시간이 지나면 길고 지루한 일상과 크고 작은 엿 같은 일들이 지친 모습을 한 회사원을 웃으며 기다리고 있을 것이다.

그러나, 아무리 기분 나쁘거나 화나는 일이 일어났다고 해서 너무 오랫동안 자신을 힘들게 하지는 말자. 그런 일들이 무한 반복해서 일어나거나 영원한 것은 아니다.

나는 대학을 졸업할 때까지 부모님의 지원 속에 아무런 걱정 없이 젊은 시절을 보낸 것 같다. 남들처럼 아르바이트를 하거나 스스로 경제적인 자립을 위해 특별히 노력한 것은 없었다. 그렇게 하지 않아도 부모님의 배려로 그럭저럭 생활할 수 있었기 때문이다. 세상물정 아무것도 모르면서 20대를 그렇게 보내고 있었다.

내 나름대로 몇 년간 열심히 공부하여 27살에 은행에 들어갔다. 그 당시 입사시험 경쟁율이 약 10 대 1 정도쯤 되었던 것 같은데 꽤나 높은 경쟁률이었다. 상당히 오랜 기간 시험준비를 해서인지 시험 문제는 별로 어렵지 않았다. 그렇게 시험에합격한 후 면접을 보러 다시 서울로 갔다.

너무나 떨리는 가슴을 가까스로 진정시키며 면접장으로 들어가서 의자에 앉자 서너 분의 면접관이 지원자들 한 명 한 명에게 질문을 하였다. 드디어 내 차례가 되었다. 무슨 질문을 할까 생각하며 바짝 긴장하고 있는 내게 면접관의 첫 질문은 '이번 입사 시험 몇 점 맞은 것 같나?'였다. 다행히 시험 문제가 어렵지 않아 만점을 맞았다고 생각했지만 '만점 받은 것 같습니다.'라고 하면 너무 건방지게 보이는 듯하여, '준비한 것에 비하면 경제관련 점수가 조금 못 나온 것 같다'고 겸손하게 말했다. 지금 생각해도 답변을 잘한 것 같다.

두 번째 질문은 그 유명한 '너그 아버지 뭐하시노?'였다. 정확히 '부모님께서 하시는 일이 뭔가?'를 물어보셨는데 요즘 같으면 언론에 도배될 질문이었다. 그렇게 해서 은행에 무사히 들어올 수 있었다.

내가 은행을 지원한 가장 큰 이유는 전세자금 때문이었다.
군대를 87년에 제대하고 나서 올림픽이 열리는 88년에 군대 동기 3명과 양산 통도사에 놀러갔다. 통도사 관광을 모두 마치고 대구로 가기 위해 통도사 입구에 있는 간이 버스정류소로 가고 있었다. 그런데 갑자기 소나기가 엄청 쏟아졌다. 우리는 비를 피하기 위해 정류소로 정신없이 뛰어가고 있는데 길가에 버려진 박스가 보였다. 다행이다 싶어 박스를 하나씩 머리에 쓰고 황급히 정류소를 향해 내달렸다.

이미 비를 쫄딱 맞아 생쥐꼴이 된 채, 작은 박스를 머리 위에 올리고 뛰는 우리 일행의 모습이 우스꽝스러웠던지, 앳된 아가씨 2명이 정류소 의자에 앉아 우리를 보며 웃고 있었다. 억수같이 쏟아지는 빗속을 뛰어 가면서 웃고 있는 아가씨들을 보았는데 너무 예쁘게 보였다. 그렇게 정류소에 도착하여 잠시 기다리다 보니 버스가 도착했고, 우리들과 그 아가씨 2명은 같은 버스를 타고 대구로 향했다. 버스에는 우리와 그 아가씨들 외에 다른 승객은 아무도 없었다.

우리는 군 제대 후 얼마 지나지 않은 청춘들이라, 여성에 대한 설렘이 가득했다. 우리 모두 그 아가씨들의 전화 번호를 알고 싶어했고, 누군가가 가서 번호를 알아 오자는 것에 의견이 모아졌다. 하지만, 부끄럼이 많아 선뜻 나서겠다는 사람은 아무도 없었다. 결국, 가위바위보로 진사람이 전화 번호를 알아 오기로 했는데, 내가 그만 가위바위보에서 졌다.

약속대로 용기 있게 가서 전화 번호를 물어봐야 했지만, 수줍음이 많다 보니 우물쭈물 하는 사이 버스는 어느덧 대구에 가까워지고 있었다. 많은 시간 망설이다가 드디어 용기를 내서 아가씨들에게 다가갔다. 그리고 '전화번호를 알아가지 못하면 친구들에게 맞아 죽을 수 있다.'는 간절한 눈빛을 보여주며 물었다. 그 간절함이 통했는지 한 분이 집 전화번호를(그 당시에는 핸드폰이 없었음) 알려줬다. 그 사람이 지금 나의 아내다.(그래서 나는 아내와의 인연을 '길거리 인연'이라 한다.)

그렇게 사귀기를 몇 년. 우린 결혼을 하기로 약속했으나 집을 구할 수 있는 처지가 못되었다. 그때 마침 전세자금을 빌려주는 회사가 있다고 하기에 좌고우면 할 것도 없이 시험을 쳐서 들어온 곳이 내가 34년을 근무한 고마운 은행이다.

매일 밤 늦게 퇴근하였다. 일찍 가는 것 자체가 회사 생활을 잘 못하는 것처럼 느껴졌다. 동료들과 음주가무 하는 즐거움은 야근의 묘미였다. 물론 세금 납부일이나 월말이 되면 진정한 야근을 하였다. 저녁이 되면 숙직실에 여러 팀이 둘러앉아 고스톱이나 카드 게임을 하기도 했다.

90년대 초에는 은행과 같은 금융권은 상고 출신들이 주류였는데, 지역별로 특정 상고 출신들이 대부분의 직급을 차지하고 있었다. 대학교를 나온 직원은 많지 않았을 뿐 아니라 설령 있더라도 대부분 직급이 낮았다. 상황이 이렇다 보니 대졸 출신끼리 모임을 갖는 것은 매우 어려운 일이었다. 가끔씩, 아주 가끔씩 대졸 출신들끼리 저녁을 먹었는데, 주류인 상고 출신 직원들에게 들키지 않기 위해 첩보작전을 방불케 하는 노력을 해야 했다.

먼저, 모이는 장소와 시간을 적은 쪽지를 은밀하게 돌려야 했다. 대부분의 직원이 상고 출신이라 무슨 행동을 해도 그들의 레이더에 잡힐 수밖에 없었기에 매우 신중하게 움직였다. 그렇게 시간과 장소를 공유한다고 해서 모든 일이 끝난 것은 아니었다. 한꺼번에 회사를 나가면 들킬 수 있었기에 시차를 두고 한 명씩 한 명씩 회사를 빠져나갔다. 그런 노력 끝에 약속한 시간이 훌쩍 지나서야 약속된 장소에 모두 모일 수 있었다. 그 당시에는 그런 행동을 하는 것이 너무 싫었다. 그냥 당당히 알리고 나간다 해서 뭐라고 할 사람도 없었을 것이다. 그렇게 얼마의 세월이 흐르자 그 우스꽝스러운 첩보 작전을 펼쳤던 사람들이 하나둘씩 승진하면서 그 시절, 그 일들은 즐거운 추억으로 남게 되었다.

첫 지점에서 어리바리하게 몇 년을 보내고 두 개 지점을 거쳐 다시 처음 근무했던 지점으로 돌아와 3년을 더 근무했다. 동일 지점 근무 3년이 되면 다른 지점으로 이동해야 했다. 우리 회사는 본인이 근무하고 싶은 지점을 1차적으로 전산 등록하면 인사 담당자가 개개인의 요청 내용을 참고하여 인사 발령을 낸다.

그 당시 아버지가 대장암 수술을 받은 후라 좀 더 자주 찾아 뵙고 싶어 고향에서 가까운 지점으로 이동하고 싶다는 인사 요청을 전산으로 등록했다. 그런데 인사가 예정된 날, 과거 지점장님으로 모셨던 지역 본부장님으로부터 전화가 왔다. 전화 받자 대뜸 '니 ○○지점으로 신청했나?'라고 물었다. 인사 발령문을 보니 ○○지점으로 되어 있어 전화했다고 말씀하셨다. 내가 신청한 지점과 완전히 다른 곳이었기에 나는 '그 지점으로 신청하지 않았습니다.'라고 대답했다. 그러자 지역 본부장님은 '알았어.'라고 말하며 전화를 끊었다. 다음날 나는 생각지도 못한, 규모가 큰 지점으로 이동하게 되었다. 본부장님은 나의 고충 사항을 읽어보지도 않고 무조건 괜찮다고 생각되는 큰 지점으로 이동시킨 것 같았다.

그런 일이 있고 얼마 후, 아는 직원의 가족 상이 있어 장례식장에 갔다. 일을 마치고 조금 늦게 도착한 장례식장에는 이미 조문을 마치고 술 한잔 기울이며 얘기를 나누는 직원들로 가득 차 있었다. 특히 식당 테이블 중 지역본부 인사팀장이 있는 테이블을 중심으로 많은 직원들이 앉아 있었다.

지점에만 근무해온 직원들은 평소에 지역본부 인사팀장을 볼 수 없기에 이런 때에 같은 테이블에 앉아 얘기를 나누다 보면 자신을 알릴 수 있는 기회가 되기도 한다.

나도 지역본부 인사팀장과 눈 한번 맞추는 것이 좋을 것 같아 그 테이블로 다가가서 씩씩한 목소리로 인사했다.

'안녕하십니까? 팀장님.'

그런데, 그 팀장이 나를 보자 대뜸 손가락질하며 '너 두고 보자.'라고 소리쳤다. 그 순간 '이게 무슨 상황이지? 지금까지 지놈하고 내가 엮인 일이 없었는데 왜 내게 지랄하지?'라는 생각이 들었다.

비록 지역본부 인사팀장이 대학 선배이지만 친하지 않아 나의 인사와 관련해서 전화 통화 한 번 한 적 없는데, 왜 이런 지랄을 하는지 이해가 되지 않았다. 다만 지난 인사 때 내가 지역 본부장님께 부탁하여 이미 본인이 만들어 놓은 인사를 바꿨다는 오해에서 비롯되었을 수 있다는 생각은 들었다.

하지만 우리들의 인사를 좌지우지하는 힘을 가진 인간이 많은 직원들 앞에서 대놓고 '너 두고 보자.'라고 말하며 선빵을 날리니 걱정이 이만저만 아니었다. 앞으로 회사 생활이 고난의 가시밭길이 될 것 같았다. 저런 놈 옆에 있어봐야 손해 밖에 볼 것 없다는 생각이 머리 속을 떠나지 않았다.

그러던 차에 본점 검사부에서 직원을 뽑을 예정이라는 문서가 떴다. 과거에도 서울로 올라갈까 생각은 했지만 왠지 적응하기가 싫지 않을 것 같아 포기하고 있었는데, 지역본부 인사팀장이 지랄하는 것을 보고 빨리 이곳을 뜨는 것이 좋겠다는 생각이 들어 주저 없이 신청했고, 면접을 거쳐 검사부에 들어갈 수 있었다. 그리고, 몇 년 후 인사부 팀장으로 이동하게 되었다. 그 당시 지역본부 인사팀장이 이유 없이 생지랄을 한 것이 전화위복의 계기가 되었던 것이다.

그렇게 힘들게 우여곡절을 거친 후, 본점 인사팀장으로 있을 때였다. 지역본부 인사팀장이었다가 지점장이 된 그 대학 선배 직원이 내게 전화를 해서, 본인이 지역 본부장으로 승진할 때가 되었는데 승진 담당자에게 본인 얘기 좀 잘해 달라는 부탁을 했다. 이런 웃기는 경우가 있나? 내가 그때 일을 까먹은 줄 아는가 보다. 자기가 내게 한 짓이 있는데 인사관련 부탁을 해!!! 참 세상일 알 수 없다고 생각하며, '알겠습니다. 잘 말씀드릴게요.'라고 말하며 전화를 끊었다. 그 결과는?

"궁금하면 e-mail: crowbamboo@naver.com으로 연락바랍니다."

나는 지금까지 好事多魔(호사다마), 魔事多好(마사다호)를 항상 주문처럼 외우며 하루 하루를 맞이하다 보니 힘든 일도 그럭저럭 잘 버티며 지낼 수 있었다. 세상 어느 것도 영원한 것은 없으니…. 그런데 살다 보면 아무리 주문을 외워도 마음을 다스릴 수 없을 정도로 화나게 하는 일이 벌어지곤 한다.

내가 영업점에서 ○○업무를 담당할 때 나와 친하게 지내던 분이 있었다. 좀 까칠하긴 해도 나를 많이 생각해 주는 분이라 술도 자주 같이 마시는 사이였다. 그 분은 일 잘하기로 소문난 아주 예리한 사람이었다. 어느 날, 그 분이 우리가 하는 업무에 대해 점검을 하게 되었다. 점검을 시작하자 마자 잘못 처리된 업무를 쪽집게처럼 찾아냈는데, 문제 있는 것들이 꽤 많이 드러났다.

점검을 모두 마친 날, 나는 저녁 약속이 있어 사무실 근처에서 사람을 만나고 있는데 그 예리한 분의 상사가 내게 전화를 해서 '너네 파트에서 처리한 업무 중 문제되는 건수가 상당히 많네.'라고 말하기에, 나는 '잘 좀 봐 주십시오.'라고 대답했다.

그렇게 전화 통화를 마치고 불과 몇 분도 지나지 않아 그 예리한 분으로부터 전화가 왔다. 화가 나서 흥분해 있는 느낌이 전화기 너머로 전해졌다. '왜 팀장한데 잘 봐 달라고 부탁하느냐? 당장 내게로 와라.'라고 성난 목소리로 말했다. 내가 '지금 손님 만나고 있어 갈 수 없습니다. 내일 가겠습니다.'라고 말하자 '내일 몇 시까지 오라'고 쏘아붙이며 전화를 끊었다.

다음날, 오라는 시간보다 일찍 그분의 사무실로 갔다. 나는 그분의 사무실을 가끔씩 방문한 적이 있어, 그 사무실에 있는 대부분의 사람을 알고 있었다. 그 사무실에 도착하여 나는 일일이 모든 사람들에게 인사를 하였고, 마지막으로 나를 호출한 분에게 가서, '안녕하세요?'라고 큰 소리로 인사를 했다. 그런데, 그 분은 잔뜩 화난 목소리로 '옆에 서 있으세요.'라고 말했다.

나는 그분 옆에 서서 '내게 무슨 말을 할까?' 생각하며 기다렸지만 아무 말없이 서류를 보며 일만 했다. 그렇게 한 시간, 두 시간이 지나가자 사무실 직원들이 '왜 그렇게 서 있냐?'고 내게 물었다. 하지만, 무슨 말을 할 처지가 아니었기에 나는 아무 대답 없이 그분 옆에 서 있었다. 모든 시선들이 나를 이상하다는 듯 쳐다보고 있는 것만 같았다. 그런 상

241

태로 많은 시간이 흘러 퇴근 시간이 되자 사무실 직원들은 하나둘씩 퇴근하였고 결국 우리 둘만 남았다. '이제 무슨 말이든 하겠지.'라고 생각했지만 여전히 아무 말이 없었다. 그리고 또 한 참 지나자 그분이 '그만 가세요.'라고 말했다.

'니기미, 지금까지 몇 시간을 세워두고 말 한 마디 없다가 그만 가란다. 쌀 것 같은 오줌도 겨우 참고 기다렸는데 한 마디 말도 않다가 그냥 가란다.' 너무 기분 나쁘고 화가 치밀어 올라 미칠 것만 같았다. 서러워서 눈물이 났다. 회사 생활하면서 가장 화나고 자존심 상했던, 참 더럽게 재수 없는 날이었다.

회사 생활하다 보면 누구나 이런 꼴을 당할 수 있다. 하지만, 기분 나쁘다고 두고두고 화를 내봐야 나만 손해다. 그냥 똥 밟았다 생각하며 흘러 보내는 것이 상책이다. 여린 회사원의 상했던 자존심도 시간이라는 마법의 터널을 지나니 하나의 아련한 추억으로 남았다.

'누구에게나 회사 생활은 다이나믹한 드라마다. 즐거움과 기쁨, 슬픔과 화남이 뒤엉켜 매일 드라마를 쓴다. 즐겁고 기쁜 일은 맘껏 즐기자. 슬프고 화나는 일이 생기거든, 이 또한 지나가는 한여름 폭풍우라 생각하자. 그렇게 젊은 날의 인생은 여물어 간다.'

"Don't be too hard on yourself. This too shall pass away!"

현명한 회사 생활은
신뢰와 존중을 얻게 만든다.

1. 타인을 이해하고 배려하는 태도를 갖는 것이 진정한 갑으로 사는 길이다.

2. 거래 회사와의 관계에서 지켜야 할 기준을 명확히 설정할 필요가 있다.

3. 사람의 겉모습이 아니라 본래 모습을 보는 연습을 하자.

4. 아무리 선한 의도라도 타인의 공감을 얻지 못한다면 이기적인 사람으로 비칠 것이다.

5. 부탁을 거절할 때, 상대방에게 무안함을 주지 않으면서 서로에 대한 호감을 그대로 유지하기 위해 굉장한 노력과 기술이 필요하다.

6. 기분 나쁘다고 화를 내고 오랫동안 마음에 담아 둬 봐야 나만 손해다.

PART 3

기적의 완성, 아름다운
인생을 만들자

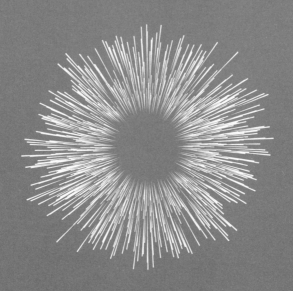

1.

경제적 자유를 위해 노력하자

"오~ 돈 님이시여! 어디에 있습니까? 왜 내 주머니만 피해 다니시
나요?"

'딸아이 손 잡고 길을 나섰다.

휘영청 둥근 달이
불 꺼진 빌딩 끝에 걸렸다.

인적 없는 길에,
차가운 북풍은 늦을 새라
옷깃을 잡아당기고,

그 북풍에 놀랄까
아이를 품속으로 당긴다.

달빛 그림자에 놀라
주위를 두리번거려 보지만,
길을 걷는 건 크고 작은 두 그림자뿐.

고달픔에 비틀거리는 그림자를 보고
달은 웃는다.
그런 달이 미워 눈물이 난다.'

우리 또래가 어린 시절을 보낼 때는 대부분의 가정이 경제적으로 힘들었다. 주변에 있는 거의 모든 사람들이 힘들었기 때문에 그런 어려운 상황을 절실히 느끼지는 못했다.

나의 부모님은 5일장을 다니시며 옷을 팔았다. 울진에서 시작하여 죽변, 호산, 매화 시장을 돌고 나면 하루를 쉬는 5일장에서 옷 장사를 하셨다. 호산과 매화시장이 울진과 죽변에 비해 거리가 멀었고 교통이 열악했다. 가뭄에 콩 나듯 있는 새벽 버스를 타고 시장에 도착하면 정해진 장소에 자리를 깔고 물건을 진열하셨다.

나는 태어나면서부터 엄마 등에 업혀 시장을 다녔다. 이렇게 지정된 장소에 자리를 깔고 장사를 한 지도 그리 오래되지 않았다고 했다. 내가 태어나기 전에는 엄마가 옷 보따리를 머리에 이고, 산골 이 집 저 집 다니시며 옷을 팔았다. 드라마에 나오는 등짐 장수와 같았다. 여자의 몸으로 그런 힘든 일을 하셨다. 그러다 여러 사람들이 모여 같은 장소에서 물건을 펼쳐두고 장사를 시작하셨던 것이다.

부부가 항상 함께 다녔다. 장사를 하신 지 꽤 오랜 세월이 흐르다 보니 옷 보따리가 왠만한 남자 여럿이 함께 들어야 겨우 들릴 정도로 부피가 커지고 무거워졌다. 남자들이 하는 일이라곤 크고 무거운 옷 보따리를 공동으로 빌려서 사용하는 트럭에 싣고 내리는 일이었다. 산더미만한 옷 보따리를 남자들이 트럭에서 힘겹게 내려 놓으면 여자들은 땅바닥에 펼쳐진 큰 돗자리 위에 물건을 디스플레이 했다. 그리고 하루 종일 앉아 손님을 기다렸고, 어쩌다 온 손님에게 한 푼이라도 더 받기위해 물건 값을 실랑이했다. 봄 여름 가을 겨울 할 것 없이 정해진 날에는 각자 정해진 장소에 옷을 펼쳐두고 하루 종일 쭈그리고 앉아 옷을 팔았다. 눈이 오고 비가 와도 시장에 가셨다.

모든 옷 택(tag)에는 그 집만의 원가 비밀 암호가 적혀 있었다. 우리집 원가 암호는 정확히 기억 나진 않지만 '서, 고, 하, 자, 저, 여, 수, 피, 보'였던 것 같다. 서는 1을, 여는 2를… 의미하는 글자였다. 암호가 왜 이렇게 어려운 순서로 정해졌는지 모르지만 어쨌던 각각의 숫자를 대표하는 의미가 있었다. 그 원가에서 대략 30~40% 마진을 붙여 팔았다. 요즘 사업을 하시는 분들의 마진을 생각하면 엄청 높다고 생각되지만, 그렇게 하루 종일 노상에 앉아 팔아도 총매출이 작아 얼마 남지 않았다.

내가 중학생 때쯤 울진시장에 상가 건물이 들어서면서 5일장을 다니시던 대부분의 사람들은 상가에 입점하여 장사를 했다. 고등학생 때에는 부모님이 잠깐 가게를 비운 사이 손님이 오면 원가 암호를 보고 일정 마진을 붙여 가끔씩 물건을 판 적이 있었다. 물론 그럴 땐 약간의 판매 보수를 나에게 주기도 했다.

시장 바닥에서나 상가에서 장사할 때 하루 종일 물건을 파는 것은 여자들의 몫이었다. 남자들은 시도 때도 없이 몰려다니며 술 마시고 떠들며 가끔씩 싸우는 것이 일이었다. 항상 저녁 때쯤 되면 모든 남자들은 거나하게 취해 있었고, 목소리는 온 시장 바닥을 흔들 정도로 쩌렁쩌렁 울렸다. 그렇게 가정 경제를 억척스러운 아내들에게 맡기고 남자들은 황금 같은 청춘을 술과 함께 보냈다. 물론 그 분들은 5일장을 다니실 때 가장으로서 집채만 한 옷 보따리를 올리고 내린 것 만으로도 본인 역할을 충분히 했다고 주장할 것이다.

태어나서 부모님의 보살핌을 받는 짧은 기간을 보내고 나면 대부분의 사람들은 부모님처럼 가열차게 돈을 벌기 위해 경제 활동을 해야 한다. 공부 열심히 해서 좋은 대학에 진학하려고 하는 이유도 과거의 가난에서 벗어나 좀더 인간다운 삶을 살기 위함일 것이다. 그렇게 한 단계, 아니 훨씬 높은 수준의 삶을 영위하기 위해 돈을 벌어야 하고 경제적 자유를 얻어야 한다.

그러나 우리 또래가 초·중·고등학교를 다닐 때에는 돈을 벌어야 한다는 경제교육을 제대로 받은 경험이 없었던 것 같다. 돈의 중요성을 가르쳐 주지 않았다. 오히려 '황금 보기를 돌같이 하라.'는 명언을 가르치며 돈에 너무 집착하는 것은 좋지 않다는 것을 강조했다. 유교적 도덕과 예절이 경제적 자유를 얻는 것보다 중요한 것이었다.

하지만, 수천 년 전 중국 사람 관중(고사성어 '관포지교'의 주인공으로 제나라를 패권국으로 만든 공신임)은 "창고가 가득해야 예절을 알고, 의식이 족해야 영예와 치욕을 안다"고 하였고, 우리가 어릴 때부터 많이 들어 본, 그 유명한 맹자도 "경제적으로 생활이 안정되지 않으면 바른 마음을 가질 수 없다(無恒産 無恒心)"며 경제적 자유의 중요성을 강조했는데, 유독 우리나라는 돈 버는 행위를 천시하고 저속한 것으로 여기며 제대로 교육을 하지 않았다.

대학교를 졸업하고 은행에 들어왔으나 아이러니하게도 나는 돈을 벌어야겠다는 생각을 그리 심각하게 하지 않았다. 그냥 월급을 받아 가정을 꾸려가는 것이 최선이었다. 재형저축 같이 이자율이 높은 예금에 급여의 아주 적은 금액을 입금하는 것 외에는 돈을 불리는 것에 대해 관심이 없었다. 그냥 있는 만큼 쓰고 부족한 것이 있으면 은행에서 대출을 받았다. 지금은 대출받기도 까다롭고 금리도 일반인에 비해 높아졌지만, 그때는 은행 직원에게 대출을 쉽게 해 주었다. 하지만, 급여 외에는 별다른 소득이 없었기에 한번 생긴 대출은 쉽게 갚을 수 없었다. 마치 한 번 해병은 영원한 해병과 같이 평생을 함께하는 친구 같은 것이 대출이었다.

IMF가 터진 90년대 말쯤, 대출금리가 너무 높아져 생활에 많은 어려움을 겪을 수밖에 없었는데, 이쯤 되면 '나도 돈 좀 많이 벌어봐야겠다.'는 생각이나 각오가 생기는 게 정상인데 그러지 못했다. 아마 은행의 특성 때문일 것이다.

돈이 돈으로 보여 고객의 돈에 손을 대는 것을 가장 좋지 않게 생각하는 곳이 은행이다. 은행에 처음 들어 가면 선배들은 '돈을 돈으로 보지 마라, 그냥 우리가 취급하는 상품일 뿐이다.'라는 말을 하곤 했다.

현금 거래 규모가 큰 지점의 경우 금고에 지폐와 동전 주머니가 수북이 쌓여 있었다. 우리는 쌓여 있는 동전 주머니를 밟고 다녔지만 그 돈을 가져야겠다는 생각조차 하지 않았다. 가끔씩 시재금 횡령 같은 금전사고가 나면 '황금 보기를 돌같이 하라'는 식의 교육이 더욱 강화되었을 뿐이다.

그런 시절이 지나고 경제 교육을 많이 받은 새로운 세대가 은행에 들어왔지만, 은행원의 돈에 대한 개념은 별로 바뀌지 않았다. 그것은 언제든지 일어날 수 있는 금전 사고 위험 때문이었는데, 희한하게도 이러한 위험을 각인이라도 시켜주고 싶어서인지 잊을 만하면 금전 사고가 이 은행, 저 은행에서 발생했다. 심지어 일반 기업에서도 대형 사고가 뻥뻥 터져 주었고, 사고가 발생했다 하면 여러 감독기관에서 다양한 대책을 세우는데 대부분의 대책이 '황금 보기를 돌 같이 해야 한다.'는 것을 더욱 강조하는 것이었다.

　은행원은 주식이나 가상화폐에 투자하는 것도 준법감시인에게 신고를 해야 한다. 항상 개인적으로 돈을 버는 것에 대해 주의하라는 것이 감독 당국과 은행의 입장이다. 그러다 보니 대부분의 직원들은 단순히 적금에 가입하거나 은행에서 판매되는 펀드에 가입하는 것이 돈을 버는 중요한 경제 활동이다. 나도 은행 재직 기간 동안 주식 투자 몇 번하여 투자금의 많은 부분을 홀랑 까먹은 것 외에는 별다른 투자를 하지 않았다. 사실 지점장 때까지 한 번도 적금 이외의 투자로 돈을 벌어 본 적이 없었다.

　그러다 몸이 좋지 않아 열심히 북한산을 오가고 있을 때였다. 혼자서 북한산 문수봉에 올라 갔다가 털털거리며 내려오고 있는데, 바로 몇 미터 앞에 내 또래 중년 남자 두 분이 큰 소리로 대화를 하며 가고 있었다. 한 남자분이 '친구야, 요즘 환율 보니 달러를 사면 재미 좀 보겠더라'고 말하자, 다른 분이 '그렇지, 달러를 사면 괜찮을 것 같아.'라고 맞장구 치는 소리가 들렸다. 그분들의 목소리가 커서 우연히 들은 대화였지만 일리 있는 것 같았다.

다음날, 외환 업무 경험이 많은 지점장에게 전화하여 달러 사는 것을 어떻게 생각하느냐고 묻자 괜찮은 것 같다고 대답했다. 그래서 약간의 달러를 구입하였고 한 달도 되지 않아 몇십만 원이라는 꽤 많은 환차익을 올릴 수 있었다. 이것이 내가 은행 생활하면서 자력으로 투자하여 수익을 올린 첫 경험이었다.

나와 같이 투자에 무관심하게 평생을 보낸 사람들이 즐비한 곳이 은행이다. 평생 돈을 만지는 직업이라 돈 버는 감각이 뛰어날 것 같지만 '글쎄요'다. 대부분 보수적이고 안전한 투자, 즉 적금 같은 것만 찾기 때문이다. 최근 들어 투자에 관심을 가지고 열심히 공부하는 직원들이 늘고 있지만, 이런저런 제약이 많아 성공적인 투자로 돈을 벌기가 쉽지 않다. 그러다 보니 외부에서 생각하는 것만큼 경제적으로 풍족한 은행원은 많지 않은 것 같다. 내 주변을 둘러봐도 대부분의 은행원들은 이런저런 일에 목돈 들어가면 어쩌나? 걱정하며, 그냥 그럭저럭 살고 있다.

그렇게 오랜 회사 생활을 마무리하고 광야에 홀로 서게 되면 가장 먼저 부닥치는 것이 경제적인 어려움이다. 퇴직금 중 일부로 대출을 갚고 나면 미래를 위해 남은 돈이 별로 없는, 속 빈 강정이 되어 있는 자신을 발견한다. 그제서야 젊은 시절 경제적 자유를 위해 노력하지 않은 것에 대한 후회가 밀려온다. 영원할 것 같았던 회사의 안락한 그늘에 안주하며 정당하게 돈 버는 방법을 공부하거나 노력하지 않은 자신을 책망하지만, 새롭게 뭔가를 할 수 없는 시간이 되어버렸기에 아쉬움만 쌓일 뿐이다.

과거를 돌이켜 보면, 나 스스로 금융 자산에 대해 적극적으로 공부를 하거나 투자 활동을 하지는 않았다. 그렇지만, 경제적 어려움을 극복하기 위해 아내가 하는 조그만 일에 적극적으로 동참한 적은 있었다.

1997년 1월, 아내가 이천만 원을 대출받아 아파트 단지 안에 있는 독서실을 인수했다. 아내는 낮 12시쯤 독서실 문을 열었다. 둘째가 태어난 지 얼마 되지 않은 때라 아내는 매우 힘든 시기를 보내고 있었지만 더 나은 가정살림을 위해 독서실을 운영했던 것이다. 아내가 하루 종일 독서실을 지키고 있으면 나는 회사일을 마치고 집에서 간단히 식사한 후 아내와 교대하기 위해 독서실로 향했다. 회사 업무가 끝나는 시간이 대부분 밤 9시 이후였기 때문에 내가 독서실에 도착하면 밤 10시쯤 되었다. 잠깐 아이들과 놀고 난 후, 아내는 어린 둘째를 데리고 걸어서 20분쯤 거리에 있는 집으로 갔고 나와 첫째만 독서실에 남았다.

독서실은 새벽 2시까지 문을 열었다. 1일 2천 원, 한 달 4만 원의 독서실 이용료를 받는데 처음 한두 달은 수입이 그럭저럭 괜찮았다. 그런데 얼마 지나지 않아 우리나라가 부도날 거라는 소문에 모든 사람들이 불안해했고, 그 불안감은 곧바로 독서실 사업에 영향을 미쳤다. 독서실을 찾는 학생수가 급격히 줄어들어 월 1백만 원 이상 올라오던 수입이 몇십만 원으로 떨어졌다.

IMF라는 힘든 시기에 독서실을 이용하는 학생은 거의 없었다. 하지만, 매일 한두 명의 학생은 새벽 2시까지 독서실을 이용했다. 모든 학생들이 가고 나면 나는 독서실을 청소를 해야 했다. 의자를 책상 위로 모두 올린 후 진공청소기로 깨끗이 청소하는데 최소 30분 이상 걸렸다. 너무 피곤할 때면 일찍 청소를 시작하곤 했는데, 공부하는 학생을 조금이라도 빨리 보내려고 학생 주변에서 최대한 시끄럽게 의자를 책상위로 올리며 청소기를 돌리곤 했다. 그렇게 했음에도 꿈쩍 않고 공부하는 학생이 얄밉게 보였다. 청소를 마치면 새벽 2시 반에서 3시쯤 되었고 그때서야 수부실에서 자고 있는 딸을 깨워 집으로 갔다.

가을 새벽 달은 휘영청 밝고 기온은 쌀쌀해지는데, 인형 같은 예쁜 딸을 품에 꼭 안고 아파트 단지 안을 걷고 있으면 '내가 왜 이렇게 사나?' 하는 슬픔이 밀려와 눈물을 흘리곤 했다. 경제적 자유를 얻기 위해 선택한 방법 치곤 너무나 힘든 방법이었지만, 여전히 집안 사정은 조금도 나아지지 않았다. 그때 결심한 것이 있다. 앞으로 살면서 새로운 일을 하더라도 절대 남들이 잘 때 내가 눈 떠 있어야 하는 일은 하지 말자고…. 하지만 내게 많은 것을 남겨준 시간이었기에 그런 활동을 후회하지는 않는다.

내가 돈을 번다는 것과 회사가 돈을 많이 벌도록 하는 것은 같은 의미라고 생각 할 수 있다. 회사가 잘되어야 안정적으로 월급을 받아 기본적인 가정 생활을 할 수 있기 때문에 틀린 생각은 아닌 듯하다. 하지만, 회사원은 정해진 기간 동안에만 회사의 넓은 그늘 속에 안락하고 안정적인 삶을 살 수 있는 운명이다. 회사의 그늘을 벗어나는 순간, 강렬하게 내리쬐는 온갖 무서운 빛들 속으로, 회사원일 때 가졌던 뽀얗고 연약한 피부를 고스란히 노출시킬 수밖에 없다. 이러한 회사원의 운명을 완벽하게 잊고 젊은 날을 보내지 않았으면 좋겠다는 것이 나의 생각이다.

회사원이라면 회사일에 충실하는 것은 당연한 것이고 항상 지켜야 할 뿌리와 같은 것이다. 그 뿌리를 무시한 채 일해야 할 시간에 핸드폰으로 주식 거래를 하거나 가상 자산 거래를 하는 등 다른 일에 힘을 쏟는 것은 옳지 않을 뿐만 아니라, 절대로 해서는 안 된다. 하지만, 회사원이라 해서 돈 벌 수 있는 방법을 공부하거나 돈을 벌기 위해 활동하는 것을 나쁘게 생각하지 않았으면 좋겠다.

나는 지점장, 본부장, 부행장 시절에 직원들에게 정해진 규범 속에서 불법적이지 않는 방법으로 돈을 많이 벌 수 있는 활동을 적극적으로 하는 것이 좋다고 강조했고 권유했다. 지금도 같은 생각이다.

과거와 달리 돈 버는 방법이 다양해졌고, 그 시류에 맞춰 노력하여 경제적 부를 얻은 직원도 상당 수 있다. 내가 아는 젊은 직원도 좋은 투자 성과를 얻어 현재 강남으로 이사했는데 참 좋은 현상이라 생각한다.

다만, 주식이든 부동산이든 투자하고자 한다면 그 분야에 대해 공부를 많이 했으면 좋겠다. 나의 경험으로 볼 때 감으로 뭔가를 하는 것은 경제적 자유를 더욱 빨리 잃는 지름길이다.

다행히, 요즘 젊은 직원들 중 관심 분야가 같은 여러 사람들이 회사 일을 마친 후 또는 휴일에 모여 함께 공부하거나 외부 강사를 초청하여 강의 받는 것을 볼 수 있다. 그런데 그런 직원들 면면을 보면 일을 잘 할 뿐 아니라 회사일에 매우 충실한 모습을 보인다. 이러한 노력 덕분에 다른 동년배들보다 훨씬 더 많은 경제적인 자유를 얻고 있는 것이다. 하지만 누차 강조하지만 아무리 경제적 자유를 위해 노력하더라도 정당하지 못한 방법으로, 회사에 부정적인 영향을 주는 경제 활동은 절대적으로 하면 안 된다.

은행원으로 34년을 근무하면서 수십억 원 거액을 고객 통장에서 몰래 횡령하여 구속된 경우, 단돈 10만 원을 시재금에서 횡령하여 면직된 경우, 고객과의 평소 친분으로 기준에 맞지 않은 대출을 해주고 향응 접대를 받거나 일시적으로 필요한 돈을 빌려 문제가 된 경우, 자신의 친인척 명의로 전결권자 승인 없이 또는 서류를 위조, 대출하여 징계받은 경우 등등 위법부당한 방법으로 발생하는 나쁜 경제 활동을 무수히 봐왔다. 그러나 그런 방법을 사용한 직원의 끝은 항상 비극적이란 것이다.

세상에는 공짜 돈은 없다. 남의 주머니에 있는 돈을 내가 몰래 쓴다는 것은 언젠가는 비극적인 결말을 불러오는 일이다. 부정하지 않은 정당한 방법으로, 감이 아닌 실력으로, 경제적 자유를 쟁취해야 한다. 한 살이라도 젊을 때 경제적 자유를 위해 노력해야 한다. 회사원들에게 '강력하게 권하고 싶다.'

"실력과 정당한 방법으로 경제적 자유를 얻을 수 있도록 노력하자."

2.

자신에게 투자하는 것을 주저하지 말자

"지금까지 쇼핑이라고는 몰랐던 내가 쇼핑의 즐거움에 푹 빠졌다.
집안에는 온통 다○소 물건들로 가득 찼다."

'백 일 피는 꽃 얼마나 될까?
그토록 사람의 시선을 끌던 샛노란 예쁜 꽃도
밤사이 불어온 산들바람에 흔적도 없이 사라졌다.
아마 몰랐겠지,
바람 한 번에 자신이 사라지리라곤.
이 밝고 푸른 하늘 아래
지지 않는 청춘 어디 있겠는가?'

젊음이 가기 전에 해 보고 싶은 것을 마음껏 해 보라고 권하고 싶다. 자신의 푸른 인생을 즐기는데 주저하지 말라고 말하고 싶다. 시간과 돈과 열정을 투자하여 더욱 더 푸른 인생을 만들라고 말하고 싶다. 아등바등 사는 인생도 자신의 인생이지만, 자신에게 마음껏 투자하여 즐기며 사는 인생도 자신의 인생이다. 이것저것 재다 보면 아무것도 하지 못한 채 젊음은 사라진다. 자신에게 아낌없이 투자하는 인생을 살면 좋겠다.

변변한 취미 하나 갖지 못한 채 젊음을 보내 버린 나였기에 청춘의 아쉬움이 더 큰지도 모른다. 그래서인지 홀로 공원을 산책하거나 지하철을 타고 약속 장소로 갈 때면, 어느새 딸이 사준 골전도 이어폰으로 흘러나오는 〈청춘〉이란 노래를 들으며 무심히 흘려보낸 젊은 날을 아쉬워한다.

"언젠간 가겠지 푸르른 이 청춘 지고 또 피는 꽃잎처럼,
달 밝은 밤이면 창가에 흐르는 내 젊은 영가가 구슬퍼.
가고 없는 날들을 잡으려 잡으려 빈 손짓에 슬퍼지면,
차라리 보내야지 돌아서야지 그렇게 세월은 가는 거야.
날 두고 간 님은 용서하겠지만 날 버리고 가는 세월이야,
정 둘 곳 없어라 허전한 마음은 정답던 옛 동산 찾는가."
김창완 님이 작사 작곡한 〈청춘〉이란 노래는 오랜 세월 사람들의 심금을 울리고 있다. 어느 누군들 청춘이 없었겠냐만, 나는 멋지게, 후회

없이 청춘을 보냈다고 소리칠 수 있는 사람 몇이나 될까?

나는 살아오면서 나를 위해 돈을 쓴 적이 거의 없다. 아무리 적은 금액이라도 나를 위해 쓴다고 생각하면 아까운 느낌이 든다. 테니스나 수영 같은 취미 활동을 하고 싶었지만 나를 위해 돈을 쓰는 것이 아까워 생각만 하다가 포기했고, 사고 싶은 것이 있어도 나만을 위한 것이라면 사지 않는다.

대부분의 우리 또래들은 운동 기구를 사는 대신 동네 운동장에 가서 축구를 했고, 쉬는 날이면 직장 동료들과 등산을 했다. 돈을 크게 들이지 않는 잡기 위주로 많이 했다. 입사 후 가장 먼저 배운 잡기는 업무를 마친 직원들과 숙직실에 둘러 앉아 밤새워 치던 카드와 고스톱이었는데, 요즘 세대들이 푹 빠져 있는 게임과 대적할 만한 놀이 수단이었다. 다만 장비 구입비가 들지 않는 것이 다름이라면 다름이다. 또한, 사무실 식당 한편에 놓여 있는 탁구대는 라이벌 직원과의 희로애락이 담겨 있는 격전지였다. 이처럼 나를 위해 투자한 것이라고는 온몸을 열심히 움직이는, 돈 안 들이는 운동이 전부였다.

아내는 나의 이런 모습을 좋아하지 않는다. 무엇 하나 스스로 선택해서 가지려고 하지 않는 모습이 마음에 들지 않는 것 같다. 그런 내가 쇼핑의 즐거움에 푹 빠졌다. 몇만 원이면 바구니 한가득 물건을 살 수 있는 다ㅇ소가 나의 핫플이다. 집안에는 신기한 다ㅇ소 물건으로 가득 찼다. 최근에는 인터넷으로 물건 구입하는 법을 배워 가끔씩 몇만 원짜리 물건을 주문을 하거나, 어쩌다 마트에 함께 가서 내가 먹고 싶은 것을 사자고 하면 아내는 적극적으로 뭔가를 찾는 모습이 좋다며 폭풍 칭찬을 한다. 참 어색한 칭찬 같지만 그런 칭찬도 들으면 기분이 좋아진다.

이렇게 자신에 대한 투자에 인색한 나지만, 비용이 많이 들어가는 골프를 우연한 기회에 반 강제적으로 일찍 배우게 되었다. 책임자가 되고 얼마 지나지 않은 2000년대 초반, 골프를 좋아하는 친하게 지내던 지인이 있었다. 그 당시에는 골프가 지금처럼 완전히 대중화되지 않았던 것 같은데 그 사람은 내가 근무하는 사무실에 올 때마다 골프 얘기를 하곤 하였다. 골프를 모르는 내겐 별 흥미 없는 얘기였지만 그 사람은 침을 튀겨가며 골프의 즐거운 경험을 얘기하곤 했다. 하도 자기 자랑만 해서 미안했던지 어느 날 내게 골프를 배우라고 권했다.

'나는 골프채도 없고 관심이 없다'고 말하자, '진짜 재미있는 운동이니 무조건 해야 한다'고 말하면서 자기가 연습하고 있는 인도어 연습장에 한 달 치 연습할 수 있도록 예약하겠다고 말했다. 나는 정말로 배우고 싶지 않다고 말했지만 막무가내였다. 다음날 내가 근무하는 곳으로 다시 찾아온 그 사람은 인도어 한 달치를 예약했으니 무조건 연습하라고 말하고는 가버렸다.

골프채도 없었던 나는 그 연습장에 있는 연습용 채로 골프를 시작했다. 그리고 이왕 발 담갔는데 제대로 배워보자는 심정으로 프로에게 레슨을 신청하는 한편, 큰 맘먹고 TV홈쇼핑 프로에서 가장 싼 풀세트 골프채를 신청하였다.

그 골프채 중 7번 아이언 하나로 레슨 프로에게 한 번에 약 10분씩 배웠다. 일주일쯤 지나자 레슨 프로가 골프장에 나타나지 않기 시작했다. '무슨 일이 있나 보다.'라고 생각하며 혼자서 맞지도 않는 아이언 7번 채로 며칠간 연습했다. 그런데, 또 다시 며칠이 지나도 레슨 프로가 보이지 않아 사무실 측에 물어보니 그 레슨 프로가 더 이상 출근하지 않는다고 했다. 내가 3개월치 수십만 원이나 되는 레슨비를 선불로 줬는데 이게 무슨 청천벽력 같은 말인가? 태어나서 처음으로 나를 위해 거금을 투자했는데 부도가 난 것이었다. 사무실 측에 자초지종을 말해도 자신들과는 관련 없다는 말만 했다.

홈쇼핑에서 골프채를 산 지 불과 얼마 되지 않아 그런 일이 발생하다 보니 조금씩 생기던 골프에 대한 관심이 사라져 버렸다. 더 이상 골프채가 필요 없어졌기에 나는 홈쇼핑에 전화해서 골프채를 반품할 테니 찾아가라고 했다. (그때는 상품을 일정 기간 사용한 후 결제를 해도 되었던 것 같다.) 골프채를 찾아가겠다고 한지 2주쯤 지나도 찾으러 오지도 않고 연락도 없어 몇 차례 더 전화를 했지만, 알았다는 말만 했다. 결국, 그 골프채는 회수되길 기다리며 몇 개월이나 우리집 신발장 옆에 놓여 있었다.

나를 위해 처음으로 야심 차게 투자했으나 그 결과는 상처만 남았고 그런 아픔이 있어서인지 나의 골프 실력은 레슨비 사기당하던 그 순간에 멈춰 있다.

요즘 젊은 사람들을 보면 자신을 위해 아낌없이 투자하는 것을 볼 수 있다. 수십만 원 하는 운동기구나 게임기를 아무렇지도 않게 사고, 해외 여행도 1년에 몇 번씩 가기도 한다. 자신을 위해 한 푼도 쓰지 않는 우리와는 다르다. 축구를 해도, 등산이나 캠핑을 해도 일단 최신형 장비를 갖추는 것부터 시작한다.

한동안 젊은 직원들이 골프 열풍에 휩싸여 골프장으로 몰린 탓에 골프장 부킹이 어려울 정도였다고 한다. 이런 젊은 골퍼들은 수백만 원 하는 골프클럽을 구입하고 화려한 골프복을 입고 골프를 쳤다. 골퍼분들 중에는 골프를 치는 것보다 아름다운 골프장을 배경으로 인생 사진 한 컷 남기는 것에 더 열심인 사람도 꽤 있었다고 한다. 고가의 장비를 사고 비싼 골프장에 와서 자신이 하고 싶은 것을 맘껏 하는 모습이 생소하고 재밌기도 하지만, 그렇게 사는 것도 좋겠다는 생각이 든다.

한때는 취미 활동이나 자기계발 한다고 고가의 장비를 구입하고 분수에 맞지 않게 자주 해외 여행을 하는 것을 보면 미래에 대한 준비성이 없는 놈이라고 속으로 욕하기도 했지만 그 또한 꼰대 생각이란 걸 뒤늦게 깨달았다.

갯벌에 쭈꾸미 잡으러 간다며 어부들이 입는 어깨걸이 방수복을 구입하고 수영장 간다고 물안경과 오리발을 인터넷으로 주문하는 직원, 스킨스쿠버 시작할 거라며 고가의 장비를 구입하고 주말이면 친구들과 패러글라이딩 하러 갈 거라며 들떠 있는 직원, 보름동안 해외 여행 간다며 기대에 부풀어 있는 직원, 금요일 오후부터 토요일 종일 자신의 쉬는 시간을 반납하면서 새로운 트렌드를 배우고 있는 직원, 친구나 가족과 여행을 같이하면서 좋은 추억을 쌓거나 비싼 캠핑 장비 풀세트를 장만하여 눈 덮인 들판이나 산기슭에서 야영하며 삶의 이야깃거리를 만드는 직원, 인생을 건강하고 알차게 영글게 하는 멋진 청춘의 모습이다.

청춘의 길이는 각자에게 달려 있다.
20의 청춘, 30, 40의 청춘 아니면 50, 60의 청춘?
그렇게 보면 나도 지금 청춘을 보내고 있는 것은 아닐까?
멀지 않은 훗날, '한 번쯤 해볼걸.'이라며 후회하지 않도록
꼭. 꼭. '맘껏 자신을 위해 투자하라'고 권하고 싶다.

"자신에게 아낌없이 투자하는 인생을 살면 좋겠다."

3.

일과 삶의 밸런스 맞추기

"회사니, 국가니 큰소리 치더라도 항상 가정을 최우선 순위에 뒀으
면 좋겠다."

아들이 아주 어렸을 때, 돈이란 것을 정확히는 알지 못했지만 맛있는
것을 사기 위해 필요한 것이라는 정도는 알았던 것 같다. 어느 날, 출근
하는데 아들이 내게 와서 손을 내밀며 서툰 말투로 말했다.

'아빠. 용돈.
내가 손을 내밀자,
아들은 내 손에 자신의 손을 올렸다.
그 조그만 손에는 100원짜리 동전이 쥐어져 있었다.

아들이 태어나서 내게 준 첫 용돈이었다.

행복이 울컥거리며 올라온다.
아들을 꼭 안아줬다.
가슴에 쏙 들어온 아들이 너무 사랑스럽다.
값을 매길 수 없는 100원짜리 동전이었다.

나는 그 동전을 지갑에 넣고 다녔다.
아마 몇 년을 넣고 다녔던 것으로 기억한다.
그러다, 그 동전은 어디로 가고,
이제는 행복한 기억만 항상 머릿속에, 가슴속에 남아 있다.
100원은 행복이 되었다.'

회사에 들어가기 위한 면접에서 가끔씩 받는 질문이 있다. '회사와 가정 중 더 중요하게 생각하는 것은 무엇입니까?' 쉬운 듯하지만 참 거시기한 질문이다. 대부분의 지원자들은 '회사를 중요하게 생각합니다.'라고 대답한다. 그런 대답이 나올 수밖에 없는 질문이다. 회사에 반드시 들어가야 하는 절박한 상황에 있는 지원자가 '가정입니다.'라고 대답하면 뭔가 찜찜하다는 생각이 든다. 회사에 들어가면 회사일은 팽개친 채 집에만 신경 쓸 것 같은 느낌? 정답은 없다. 정답을 찾는 질문이 아니다. 적절한 명분을 대면 면접관도 이해한다. '회사가 아니라 집이라고?'라며 불합격을 주지는 않을 것이다. 하지만 이 질문과 답변이 주는 의미는 크다고 생각한다. 은연중에 자신의 행동에 영향을 미치기 때문이다.

우리는 각박한 삶을 살면서 개인에 따라 중요하게 생각하는 것들이 있다. 돈을 최우선으로 생각하는 사람들이 절대적으로 많겠지만 모두가 그런 것은 아니다. 어떤 사람은 건강이, 또 다른 사람은 사랑과 나눔이 중요하다고 생각할 수 있다.

직장인도 일상 생활을 할 때뿐만 아니라, 업무를 할 때도 무엇을 중요하게 생각할 것인지 우선 순위를 매겨 두면 좋을 것 같다.
내가 갓 회사 생활을 시작했을 때에는 가정이라는 단어는 머릿속에 없었다. 아무리 가정에 중요하고 위급한 상황이 발생하더라도 항상 회사가 우선이었다. 집안일에 대해서 언급하는 것조차 금기시되었다.

하지만, 요즘 젊은 세대들은 회사일의 시작과 끝을 명확히 한다. 정해진 시간을 넘겨 일을 계속하는 것에 대한 거부감이 과거 세대 직장인들에 비해 비교할 수 없을 만큼 크다. 칼같이 회사 일을 마치고 자신의 취미 활동 등을 위해 시간을 보내고, 기혼자들은 가사 일을 분담하거나 육아를 위해 노력한다. 자연스럽게 가정을 삶의 최우선으로 두고 있는데 매우 좋은 현상이라 생각한다. 평생을 함께 해야 할 가족에게 최선을 다하는 것은 매우 정상적이고 반드시 지켜야 하는 것이다. 회사에 출근하면 주어진 시간 동안 자신의 모든 에너지를 쏟아부어(눈치나 보며 어영부영 시간 보내지 않아야 한다) 회사 일을 한 후, 주저 없이 퇴근하여 자기계발이나 가정에 충실하는 것이야 말로 급여 생활자가 당연히 누려야 할 권리인 것이다.

나는 입사하고 약 3개월 후에 결혼을 했다. 그리고 10개월이 지나 출산일이 임박하자 아내는 규모가 작은 산부인과 병원에 입원했다. 그때 나는 은행에서 어음교환 업무를 담당하고 있었다. 어음교환 업무는 수많은 사람들이 상거래 등으로 주고받은 어음이나 수표 등을 각자의 거래 은행에 입금하면, 그 다음날 일찍 각 은행의 어음교환원이 금융결제원에 모여 수납한 어음, 수표가 발행 은행으로 갈 수 있도록 교환하고, 은행별로 분류된 어음, 수표를 해당 은행내에서 지점별로 나누는 업무를 말한다. 그리고 그런 일을 하는 사람이 어음교환원이다. 교환되는 전표들이 너무 많아 아침 일찍 시작하여, 주고받은 실물의 매수와 합산 숫자를 정확히 맞춘 후, 지점으로 가져온 어음과 수표를 다시 한번 계산, 확인하여 각 텔러들이 처리할 수 있도록 업무별 담당자에게 배분하면 오전 일이 끝난다.

아내가 산부인과에 입원했던 날은 어음교환 작업이 조금 늦게 마쳐졌다. 오전 10시 넘어 지점에 오니 처가에서 빨리 병원으로 오라는 전화가 왔다. 아내가 새벽녘에 병원에 입원한 후 얼마 지나지 않아 산통이 시작되었고 분만 유도제를 맞았지만 몇 시간째 심한 산통만 있고 출산이 되지 않았다. 산모가 너무 고통스러워하고 있었기 때문에 제왕절개를 해야 하는데, 제왕절개를 하기 위해 보호자의 자필 동의가 반드시 있어야 하니 지금 당장 와서 수술 동의서에 사인해야 한다고 했다.

하지만 나는 아직 지점을 떠날 수가 없었다. 어음교환 업무는 시간을 지키는 것이 매우 중요한 업무라 완벽하게 마치지 않으면 큰 혼란이 올 수 있었기 때문이었다. 하필 그날따라 교환해 온 어음 매수가 많아 전화를 받고 한참 지난 후에야 일을 마칠 수 있었다. 그리고 나서 나는 미안한 표정을 지으며 서무계장에게 자초지종 설명한 후 택시를 타고 병원으로 갔다.

병원에 도착하니 의사, 간호사, 가족들의 비난하는 듯한 눈초리가 쏟아졌다. 마치 '세상일 니 혼자 다하니? 그래 잘났다.'라고 욕하는 것 같았다. 그도 그럴 것이 보호자의 수술 동의서가 필요한데 산모의 진통이 시작되고도 상당히 오랜 시간이 지나서야 어슬렁거리며 나타났으니 그런 욕을 먹어도 할 말이 없는 상황이었다.

간호사분이 무서운 눈으로 나를 노려보더니 수술 동의서를 들이밀며 '산모가 진통으로 고통받은 지 벌써 반나절이 지나 지칠 대로 지쳐 있어요. 이제오면 어떡해요.'라고 쏘아붙였다. 나보다 더 아내의 고통을 이해해 주는 모습에 딱히 뭐라고 대꾸조차 할 수 없었다. 괜히 간호사에게 미안하며 수술 동의서를 받아 서명을 했고, 얼마 되지 않아 예쁜 첫째가 황금빛 물고기처럼 펄쩍 뛰면서 나의 품에 안겼다.

요즘 같으면 당장 이혼 감이지만 그때는 그런 상황이 일반적이었던 것 같다. '저, 오늘 집사람이 출산하는 날이라 휴가를 사용하고 싶습니다.'라고 상사에게 말씀드리면, '니가 애 낳냐 임마.'라고 하던 시절이었으니….

학업과 취업 준비라는 고통의 시간을 극복한 젊은 사람들이 부모의 그늘을 벗어나 세상에 홀로 선다는 것은 매우 힘든 일이다. 그런 때에 배우자를 만나 가정을 꾸리고 가족을 만든다는 것은 긴 인생에서 항상 든든한 힘이 되어 줄 자신만의 새로운 뿌리를 만드는 것과 같다. 그 뿌리에 최우선 순위를 두는 것은 당연한 것이다.

나는 요즘 젊은 세대처럼 가정을 우선시하는 것을 좋아한다. 국가를 위해서, 회사를 위해서. 뭐, 다 좋다. 백 번 양보하더라도, 회사에는 주어진 시간에 땡땡이 치지 않고 스스로에게 쪽팔리지 않도록 최선을 다하면 된다. 우리와 같은 평범한 사람들은 하루하루 열심히 사는 것이 회사와 국가를 위하는 일이다. 가정에 최선을 다해야 할 순간까지 회사를 위해 에너지를 쏟아 넣을 필요는 없다. 일을 마치면 집안일, 육아 등도 하고 자기계발도 하는 삶을 사는 것이 정상이다. 회사니, 국가니 큰소리 치더라도 가정이 우리가 존재하는 이유라는 것을 잊지 말자.

30여 년 회사 생활 마치고 집으로 온 날, 거실 벽에 플래카드가 걸려 있었다.

'엄마 아빠 사랑하고 감사합니다.

지난 세월 저희를 향한 부모님의 사랑과 헌신 덕분에

이 자리에 있을 수 있었습니다.

부모님은 저희에게 더없이 소중한 분들입니다.

부모님이 베풀어 주신 참 사랑 잊지 않겠습니다.

저희가 받은 사랑 모두 보답할 수 있도록 오래오래 건강하세요.

사랑하고 존경합니다.'

감동과 행복이 밀려온다. 내가 부모님 살아생전 하지 못한 것을 우리 자식들에게 받고 있다는 생각에 너무 감사한 마음뿐이다. 이런 게 가정이다. 가정은 행복의 뿌리고 모든 힘의 근원이다.

"가정에 최선을 다해야 할 순간까지 회사를 위해 에너지를 쏟지 마라."

4.

지금, 추억을 만들자

"좋은 추억이든 그렇지 않은 추억이든 추억은 행복의 바구니에 담겨
있다."

가끔 직원들이 묻는다.
살면서 가장 기억에 남는 것은 무엇인지?

나도 가끔 그런 질문을 동료들에게 한 적은 있지만 딱히 궁금해서 하
는 질문은 아니었다. 함께 있는 시간과 공간을 부드럽게 하기 위한 질
문이었다. 그 질문의 취지가 무엇이든 다시 한번, 추억이 되어버린 살
아온 시간을 생각케 하고 감정의 살을 찌우게 한다.

좋은 추억이든 그렇지 않은 추억이든 추억은 그 자체만으로 행복이 있고 설렘이 있다. 비 오는 여름날 양철 지붕을 때리는 빗소리를 들으며 옛 추억을 떠올리는 것은 행복이다. 밤새 내린 많은 눈에 활처럼 휘어진 대나무 숲길을 걸으며 힘들었던 과거를 회상하는 것도 행복이다. 몇 시간을 차로 달려 도착한 바닷가에서 수평선 너머 떠오르는 태양을 품에 안으며 반짝거리는 바다 위를 지나가는 조그만 배를 보고 있으면, 어느새 아버지의 모습이 떠올라 눈가가 촉촉해지는 것도 행복이다.

'추억은 행복이다.
추억은 영혼을 유쾌하게 한다.
추억은 인생의 그림자다.
인생이 춤추면 추억도 춤춘다.
더 즐겁게, 더 열정적으로.
추억 없는 사람은 그림자 없는 죽은 사람이다.'

며칠 전, 함께 근무했던 젊은 직원들과 등산을 갔다. 벌써 일선에서 물러난 지 한참 지났지만 나를 찾아주고 흔쾌히 함께 산행하자고 말해준 후배들이 고맙다. 이미 몇 차례 같이하는 산행이다. 이번에는 관악산을 등산하기로 했기에 사당역에서 만났다. 지난번처럼 산행 전 스벅에서 커피 한 잔을 마셨다. 우리 산행은 딱히 목적지를 정하지 않는 자유로운 산행이다. 올라가다 힘들면 쉬고 더 힘들면 그냥 있는 길 따라 내려오는 그런 산행이다.

다들 오랜만에 등산을 해서인지 숨을 할딱거린다. 우린 거북이 등산 하듯 천천히 산을 올랐다. 쉬다 가기를 여러차례 한 후, 경치 예쁜 곳에 자리를 펴고 각자가 가져온 음식물을 꺼내 놓았다. 막걸리는 기본, 전과 육포, 과일 등 많은 음식물이 쏟아져 나왔다. 펼쳐 놓으니 잔치상이다. 산행을 왔는지 먹으러 왔는지 구분이 안될 지경이었다. 우리는 서로를 보며 웃었다. 이렇게 많은 음식이 나올 거라고는 생각하지 못했다는 눈치다.

막걸리 한 잔씩 들어가자 옛날 얘기가 봇물 터지듯 나온다. 그냥 일상적인 것들인데 함께 추억을 나누었던 얘기들이다.

한 직원이 말한다.

'그때 매주 사무실에서 가졌던 햄버거 데이는 정말 즐거웠습니다.'

그러자 다른 젊은 직원이 말한다.

'더 이상 햄버거 데이를 하지 않아 다들 섭섭해합니다.'

햄버거 데이란 그냥 직원들과 어울리기 위해 거창하게 이름을 붙인 것인데, 매주 금요일 점심 때 햄버거를 사서, 사무실에서 직원들과 함께 먹으며 일상적인 얘기를 나누는 날을 말한다. 햄버거를 먹으며 여행 다녀온 경험담이나 텔레비전에서 방영되고 있는 드라마, 그리고 가족 이야기 등을 얘기했는데 좋은 추억이 되었다고 말한다. 1년 이상 그렇게 하다 보니 회사 주변에 있는 햄버거 중 우리 입맛을 거치지 않은 햄버거는 거의 없었다.

그룹 전 직원이 돌아가면서 함께하다 보니 거의 대부분 직원들은 몇 차례씩 햄버거 데이에 참석했다. 적을 때는 일곱 여덟 명이 참석했고 많을 때는 열두 명에서 열세 명이 함께했다. 처음에는 분위기가 서먹했던지 직원들이 말을 많이 하지 않아 자연히 가장 나이 많고 직급 높은 내가 말을 많이 할 수밖에 없었다. 직급 차이가 많이 나서 그럴 수 있겠다는 생각이 들었지만, 서먹한 분위기를 재밌게 만들기 위해 요즘 트렌드에 맞는 이슈를 찾고 말을 많이 하다 보니 여간 힘든 게 아니었다. 괜히 햄버거 데이를 만들었나 싶은 생각이 들었다. 하지만 몇 번을 하고 나니 한 명, 두 명씩 말하기 시작했고, 시간이 지나면서 더 많은 직원들이 웃고 떠들며 대화를 나누었다. 그러다 보면 금세 한 시간이 지나가곤 했다.

나는 가능하면 금요일에는 햄버거 데이를 위해 다른 약속을 잡지 않았다. 부득이 약속이 생겨 함께하지 못하게 되면, 직원들은 다음주에는 할 수 있는지 아쉬워하며 물어보곤 했다. 가장 어려울 수밖에 없는 꼰대 상사와 함께하는 시간을 거리낌 없이, 오히려 기다리며 참석해 준 직원들이 내게는 고마울 따름이었다. 그렇게 매주 금요일은 내게도, 함께해준 직원들에게도 기다림의 시간이 되었다.

회사원이라면 누구나 이런 경험을 할 수 있다. 하지만, 과거와 달리 점차 개인 중심으로 변화하는 사회적 분위기나 시류 속에서 동료들과 추억을 쌓기 위해 많이 노력하지 않으면 안 된다. 그렇지 않으면 이러한 추억을 가질 수 없는 것은 물론이고 어느새 가야 할 방향조차 잃은 채 마치 태엽시계처럼 어제 걸었던 그 길을 홀로 힘 없이 걷고 있는 자신을 발견하게 될 것이다.

벌써부터 홀로 있는 것을 즐길 필요는 없다. 청춘이 소리 없이 사라지기 전에 운동이든 취미 활동이든 누군가와 함께 공유할 수 있는 것들을 많이 만들면 좋겠다. 여행, 캠핑, 풋살, 독서를 함께 해도 좋고, 주식·가상자산이나 부동산을 그룹 지어 공부해도 좋다. 어떤 것이든 함께 공유하고 추억을 만들 수 있는 것이면 된다. 그런 활동에 스스로를 던져 넣어버린 순간, 그것은 나뿐만 아니라 나와 함께했던 모든 동료들의 마음속에 아름다운 추억으로 남게 될 것이다.

그렇게 가열차게 활동하던 회사 생활이 끝나고 나면, 사회적 지위가 높았든 그렇지 않든, 자신이 원하든 원하지 않든, 하나 둘 친구들은 안개처럼 사라지고 홀로 시간을 보내고 있는 자신을 발견할 것이다.

함께하는 것은 행복이다.
할 수 있을 때 하자.

'서울에서 차로 네댓 시간 달려 도착한 푸른 동해 바닷가에서
고등학교 친구를 만났다.
벌써 40여 년의 세월이 흘렀다.

많은 세월의 풍파를 고스란히 맞았지만,

여전히 친구의 학창 시절 모습은 그대로 남아 있었다.

항상 어깨엔 가방보다 기타를 메고 있었던,

그땐 그리도 집과 학교에서 혼난 친구였건만.

지금은 어엿한 사업체를 가진 사장이 되어 있었다.

고등학교 교실에서처럼 웃고 떠들며 보낸 며칠,

우린 다시 그때 그 시절 학교 교실로 돌아와

우정으로 얽힌 인연의 추억을 나누고 있었다.

마치 매일 만난 친구 사이처럼….

인연의 끈은 추억으로 만들어져 있다.

추억은 행복의 바구니에 담겨 있다.'

"청춘이 사라지기 전, 운동이든 취미든 함께 할 수 있는 것들을 많이 만들자."

5.

가족보다 앞에 둘 것은 아무것도 없다

"집에서 보는 가족과 여행가서 마주하는 가족은 또 다르다."

'어후, 사진이 잘못 나왔어요.
사람 얼굴만 나왔네. 다시 찍어야겠어요.'라고 여성이 말하자
'좀 조용히 해.'라고 남성분이 나를 힐끗 보며 말했다.

내가 몸이 좋지 않아 재활 치료를 겸해서 산을 열심히 다니던 때였다. 혼자서 산에 자주 갔다. 처음엔 관악산, 삼성산 위주로 갔지만, 후에는 북한산을 다녔다. 어느 날, 삼성산을 혼자 등산하여 정상에 있는 전망대에 서서 건물로 가득 찬 서울대와 높고 낮은 산과 어우러져 있는 아름다운 서울을 감상하고 있을 때였다. 단체로 등산을 온 사람들이 시

끌벅적 떠들며 전망대로 올라왔다. 조용히 즐기고 싶었는데 시끄러운 소리에 자리를 옮기기 위해 전망대를 내려가려고 짐을 챙기고 있었다. 그런데 단체 등산객 중 여성 한 분이 나에게 사진을 찍어 달라고 했다.

평소에 내가 찍은 사진을 보고 '사진 참 못 찍는다'고 놀리는 아이들이 생각나서 웬만해선 다른 사람들이 사진을 찍어 달라고 요청하기 전에 눈치껏 자리를 피하곤 했다. 그날도 사진을 찍어달라고 말하기 전에 자리를 피하기 위해 미리 전망대를 내려가려고 했는데 그 여성이 선수를 친 것이다.

좁은 계단으로 나가는 방법 외에는 전망대를 벗어날 수 없었는데, 계단 입구는 단체 등산객들이 막고 있었고, 그 전망대엔 단체로 온 분들 외엔 나밖에 없었기에 요청을 거절할 수 없는 상황이었다. 여성이 준 핸드폰을 받아 들고 열댓 명쯤 되는 단체 등산객의 사진을 찍었다. 좁은 전망대에서 난간에 둘러 쌓인 등산객들이 카메라 안에 가득 들어왔다. 나는 모든 사람들의 얼굴이 카메라에 선명히 담기도록 정성을 들여 여러 장의 사진을 찍은 후 그 여성에게 카메라를 돌려줬다. 그리고 배낭을 메고 전망대를 내려가려고 계단에 발을 디뎠는데, 내게 카메라를 준 여성과 남편으로 보이는 남성이 주고받는 대화소리가 나의 귀를 때렸다. 사진이 엉망이니 다시 찍어야 한다는 대화였다.

아마 카메라속에 사람 얼굴만 가득 담긴 것을 보고한 말인 듯했다.

아름다운 산과 도시는 무시한 채, 힘들게 산에 오른 사람들 얼굴만 가득 담다 보니 그런 말이 나올 법도 했다. 하지만, 내 나름대로 정성껏 사진을 찍어줬는데도 불구하고 그런 말을 들으니 기분은 별로 좋지 않았다.

사진을 찍은 후 자주 들어온 얘기라 애써 그냥 못 들은 척하며 산길을 한참 가다가 싸온 도시락을 먹기 위해 너른 바위에 앉았다. 흘러가는 구름도 보고 푸른 산 위를 날아다니는 까마귀도 보며 점심도시락을 먹고 있는데, 남녀 두 분이 내게 와서 '사진 좀 찍어주세요.'라고 부탁했다.

'이런, 오늘 무슨 날인가?' 순간, 조금 전 아주머니의 목소리가 귓가를 스치는 듯했다. 나는 '죄송합니다.'라고 말하며 시선을 피했다. 지금도 서울대 근처를 지날 때면 그때 그 씁쓸했던 추억을 떠올리며 웃음짓곤 한다.

사람은 추억을 먹고 산다. '나는 과거 따위엔 연연하지 않아.'라고 생각하는 사람도 어쩔 수 없다. 인간의 운명이다. 우리가 소중히 간직한 추억은 우리의 미래를 위한 자양분이 된다. 아름다운 추억을 많이 간직한 사람은 아름다운 미래를 보낼 수 있다. 그 추억들은 하루하루 바쁘게 살고 있는 우리에게 끊임없이 영양분을 제공한다. 가족, 친구, 회사 동료 등등과의 추억들. 좋은 추억은 좋은 대로, 불쾌했던 추억은 불쾌한 대로 그 의미가 깊다. 항상 일에 파묻혀 고민하고 애쓰는 사람일 수록 영혼과 육체를 맑게 해주는 아름다운 추억을 많이 가지도록 노력해야 한다.

가까운 곳을 찾아 혼자 사색하며 새로움을 경험하거나 친구들과 호호하하 떠들며 시끌벅적하게 즐기는 추억. 오랫동안 계획을 세워 우리나라 도서 지방이나 해외 먼 곳을 경험하는 추억, 직원들과 눈 덮인 산을 등산하고 밤새도록 모닥불 주변에 둘러앉아 재미나게 이야기 꽃을 피우는 추억 등 혼자 하든 함께 하든 좋은 추억을 만드는 것이면 된다.

이 모든 것 중, 나는 가족 여행을 강력하게 추천한다. 가슴 뿌듯해지고 벅차오르는 가족과의 추억은 모든 힘의 원천이다. '집에서도 매일 보는 가족인데 또 밖에서 몇 날 몇 일을 얼굴 맞대고 있어야 하나?'라고 생각할 수도 있지만, 집에서 보는 가족과 여행가서 마주하는 가족은 또 다르다. 처음보는 풍경을 함께 즐기며 그 풍경을 주제로 두런두런 얘기를 하다 보면 어느새 몇 시간이 훌쩍 지난다. 그러다 미리 검색해 본 맛집을 찾아가면서 얼마나 맛있는 음식이 나올까 기대하며 서로 그 마음을 털어놓는 재미, 실제로 먹어본 후 기대에 못 미치면 다같이 가볍게 음식을 욕하며 웃는 재미 등등 수많은 즐거움과 추억이 있다.

올해 초에 큰맘 먹고 온 가족이 해외 여행을 다녀왔다. 거의 7, 8개월을 준비한 가족 여행이었다. 나와 아내, 딸이 먼저 체코로 가서 오스트리아, 스페인을 여행한 후, 프랑스에서 아들과 사위를 만나 함께 추억을 만드는 계획을 세웠다. 회사를 다니는 아들과 사위는 휴가를 많이 사용할 수 없어 어쩔 수 없이 중간에 합류하기로 한 것이다.

모든 스케줄과 예약은 딸의 몫이었다. 이런 추억 여행을 위해 운영하던 사업을 접을 정도로 여행에 진심인 딸이다. 아내와 나는 아무런 부담 없이 딸만 믿고 따르기만 하면 되는 편한 여행이었다. 하지만, 딸의 마음은 좀 달랐다. 친구들로부터 부모님과 여행을 가서 싸웠다는 얘기를 많이 들었다는 것이다. 우리가 딸의 통솔을 따르지 않고 싸우면 어쩌나 걱정하는 눈치였다. '우리는 전적으로 대장의 말을 따르겠다'고 여러 번 맹약을 했지만 크게 믿지 않는 눈치였다.

여행 출발을 몇 달 앞두고 가족 회의를 했다. 딸은 여행 스케줄을 빼곡히 적은 프린트물 몇 장씩을 주었다. 사업체를 운영하면서 언제 이렇게까지 준비했나 싶을 정도로 세부적으로 적혀 있었다. 진짜 여행에 진심인 딸이었다.

그런데 나눠준 용지 중에 특이한 것이 하나 있었다. '여행 중 이런 말은 하지 말아 주세요!'라는 경고성 요구 사항을 적은 종이었다. '아직 멀었니? 꼭 가야 하니?'부터 '맛이 왜 이래? 여긴 별로다.' 등등 인터넷 검색을 하면 나오는 금기어들이란다. 이미 각오하고 있던 터라 흔쾌히 받아들였다.

그렇게 시작한 여행을 24일 동안 단 한 번의 트러블 없이 성공적으로 마무리할 수 있었다. 지금까지 회사 일을 핑계로 2, 3일씩 여행을 다녀온 것이 전부였는데 거의 한 달 동안 사랑하는 가족과 여행을 한 것은 큰 행운이고 행복이었다.

모두가 부러워하는 긴 여행도 우리에겐 너무 짧아서 아쉬움이 한가득이었다. 집으로 돌아와서 길고 긴 시차 적응을 마친 후 앨범을 정리했는데 수천 장의 사진속에 24일간의 예쁘고 아름다운 여행 추억이 고스란히 담겨 있었다. 그 추억 사진을 정리하며 사진 속의 순간들을 다시금 되새김질하듯 대화를 나누는 즐거움을 오랫동안 맛볼 수 있었다.

카메라에 담긴 이런 추억들은 언제든 꺼내 볼 수 있다. 필름 카메라 시대에는 사진이 제대로 찍혔는지 확인할 수 없어 현상하고 난 후에야 '아이고, 왜 이렇게 흐릿하지. 구도가 왜 이렇지.'라며 아쉬워했지만, 그 또한 앨범에 고이고이 모셔 두고 명절 때나 특별한 기념일에 펼쳐보며 이야기 꽃을 피운다.

하지만 디지털 카메라가 나온 후에는 필름 카메라일 때 했던 고민은 많이 사라졌다. 과거와 달리 아름다운 추억을 맘껏 카메라에 담을 수 있게 되었다. 흐릿하거나 구도가 맞지 않으면 다시 찍으면 된다. 만족스럽지 못한 사진은 핸드폰의 다양한 기능을 이용해서 편집하면 예쁜 모습으로 바뀐다. 이렇게 나름 완벽하다고 생각되는 사진을 공유 폴더에 올려 함께 관리하며 수시로 그 순간을 즐긴다. 그 행복한 여운은 오래오래 지속된다.

회사 일로, 아이들 공부 때문에 등등 여러가지 이유로 시간을 낼 수 없다는 핑계는 접자. 길고 긴 인생을 살아가야 할 사랑하는 가족에게 아름다운 추억을 만들어 주는 것보다 우선 순위에 둘 것은 아무것도 없다.

'지금은 내일의 추억이다.
지금 행복하면 내일은 더 행복하다.
내일의 행복에 추억의 행복이 더해지니 당연할 수밖에.
지금 하나의 추억을 만들면 내일 하나의 행복이 더해진다.
지금 많은 추억을 만들면
내일은 행복 더미 속에 즐거워하는 자신을 보게 될 것이다.
추억은 행복이다.'

"가족에게 아름다운 추억을 만들어 주는 것보다 중요한 것은 아무것도 없다."

일을 하는 궁극의 목적은
인생을 아름답고 풍요롭게 만드는 것이다.

1. 감이 아닌 실력으로, 부정하지 않은 정당한 방법으로 경제적 자유를 쟁취하도록 노력하자.

2. '한 번쯤 해볼걸.'이라며 후회하지 않도록, 맘껏 자신을 위해 투자하자.

3. 회사에서 주어진 시간 동안 최선을 다한 후, 주저 없이 퇴근하여 자기계발이나 가정에 충실하자.

4. 추억 없는 사람은 그림자 없는 죽은 사람이다.

5. 가족과의 가슴 뿌듯해지고 벅차오르는 추억은 모든 힘의 원천이다.